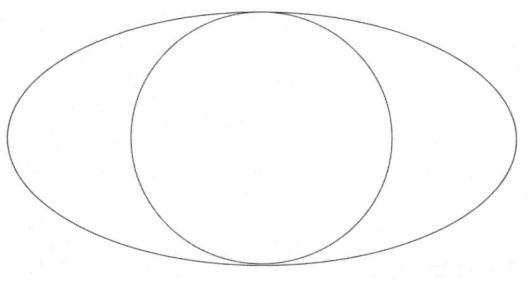

幼儿行为
观察与记录

（第二版）

蔡春美　洪福财　邱琼慧
卢以敏　张明杰　吴君黎
著

华东师范大学出版社
·上海·

图书在版编目（CIP）数据

幼儿行为观察与记录/蔡春美等著.—2版.—上海：华东师范大学出版社,2019
ISBN 978-7-5675-9917-8

Ⅰ.①幼… Ⅱ.①蔡… Ⅲ.①学前教育－研究 Ⅳ.①G61

中国版本图书馆CIP数据核字（2020）第001255号

本书为五南图书出版股份有限公司授权华东师范大学出版社有限公司在中国大陆出版发行简体字版本。

上海市版权局著作权合同登记　图字 09-2018-1005号

幼儿行为观察与记录（第二版）

著　　者　蔡春美等
责任编辑　孙　娟
责任校对　王婷婷
装帧设计　高　山

出版发行　华东师范大学出版社
社　　址　上海市中山北路3663号　邮编 200062
网　　址　www.ecnupress.com.cn
电　　话　021-60821666　行政传真 021-62572105
客服电话　021-62865537　门市（邮购）电话 021-62869887
地　　址　上海市中山北路3663号华东师范大学校内先锋路口
网　　店　http://hdsdcbs.tmall.com/

印　刷　者　上海锦佳印刷有限责任公司
开　　本　787毫米×1092毫米　1/16
印　　张　14.75
字　　数　240千字
版　　次　2020年3月第2版
印　　次　2023年7月第5次
书　　号　ISBN 987-7-5675-9917-8
定　　价　46.00元

出版人　王　焰

（如发现本版图书有印订质量问题，请寄回本社客服中心调换或电话021-62865537联系）

再版序

台湾地区在2011年通过《幼儿教育及照顾法规》并于次年正式施行,这项以"幼托整合"为目标的政策法规,改变了长期以来幼儿园与托儿所分立的体系,也调整了原有幼教的教学生态,台湾教育主管部门与各县市政府为因应前述变革,迄今仍有多项辅导与评鉴等政策,借以落实原有政策期盼幼托整合的精神,同时期盼能为台湾地区的幼教辟出具有活路的新径。

面对前述变革,近年来,幼教老师持续地参与各项专业成长的研习、学位或学分进修,乃至于机构评鉴等,教师们对于改革充满期待,但同时须耗神学习或面对各项变革作为,更是充满压力与挑战!教学是教师汲汲营营的成长要务,借此变革之际,如何通过适切的协助与自我成长以提升教学知能并促进幼儿学习,实为教师努力的重点方向。

本书出版以来,被幼儿教育学系、幼儿保育学系等师生选用为上课或研究用书,2013年由华东师范大学出版社发行简体字版,亦获得幼教师培机构的广泛采用。由于初版迄今已发行多年,加上台湾地区配合幼托整合政策变革新颁《幼儿园教保活动课程暂行大纲》,对于幼儿园课程提出有别以往的领域划分与教学建议,特商请作者斟酌学术与政策发展修改内容,尤其新增吴君黎教授、蔡春美教授撰写的"观察与记录应用于幼儿能力评量"专章讨论新课纲的精神与教师如何符应前述精神进行观察与记录,期使全书更能契合师资培育以及教学现场的需求。

本书得以顺利再版,感谢五南图书公司陈副总编辑念祖的穿梭联系与督促,让所有的稿件能如期完成。对于各作者在忙碌的教学与研究之余拨冗撰写专章造福幼儿教师,谨致予最高的敬意。

蔡春美、洪福财 谨识
于台北教育大学
2015年12月

初版序

　　面对成长中的孩子,观察与记录其发展与行为表现情形,是了解孩子的重要途径,更是幼教人员必须拥有的专业能力。

　　孩子从出生、牙牙学语到逐渐自立成长,不断地从外界接收信息,也尝试着主动发出回应意见与想法,从而扩大自己的认知面向,历经人我互动、学习概念、社会行为,发展出独特的回应方式。对孩子而言,这种学习与成长的历程是充满新奇与挑战性的,但探索的历程或许受挫,学习的历程或许机会不足,互动的历程或许需要更多的等待与回馈;面对孩子成长的多变性与多样性,如何了解孩子的发展与行为表现概况,适时提供学习机会或转化教学策略,对于专业的幼教老师而言,是极具挑战性的。

　　有感于幼儿行为表现的多面性与复杂性,在培育教师的阶段,观察与记录便是重要的知识与技能。在台湾教育主管部门颁布的"幼稚园教师师资职前教育课程教育专业课程科目"中,幼儿行为观察也被列为"教育方法学"建议课程之一,幼教与幼保相关科系均将幼儿行为观察与记录列为必修科目,分占2至6学分不等,更见幼教领域对此知识与技能的重视。

　　坊间关于幼儿行为观察与记录的书籍不少,或为译书,或为本土学者专著,看见此领域许多专著或翻译书籍的陆续出现,令人感到欣慰。对于初学者而言,如何在短时间掌握观察与记录的重要概念,了解不同观察与记录方法的精神与实践策略,甚至能转化成适当的知识与技能在幼教教学现场实际应用,一本实用的参考用书就显得十分重要。

　　本书很高兴邀请到数位大学幼教、幼保等科系的教师,贡献教学或幼教辅导等实务经验,所有撰稿人经多次对话,确立撰写的方向与读者需求后,历经撰写架构、初稿、修正、再修正等步骤终让本书成形;其次,对于目前幼教老师普遍应用的影音记录,张明杰老师慨允赐稿丰富版面,特此致谢。五南图书公司陈副总编辑念祖安排出版事宜,亲自参与历次的撰写讨论会议,更为本书顺利发行的幕后功臣。

　　愿本书出版能增加幼教职场的教师与准教师们对于幼儿行为观察与记录的认识与了解。本书疏漏处难免,尚祈方家不吝指正。

蔡春美、洪福财 谨识

于台北教育大学

2008年

目 录

第一章 从行为理解幼儿（蔡春美）/1
    第一节 为何需从行为理解幼儿/2
    第二节 行为透露哪些信息/7
    第三节 解释行为的理论观点/9
    第四节 幼儿行为研究的趋势/15

第二章 观察与记录前的准备（卢以敏）/19
    第一节 观察人员的准备/20
    第二节 工具的准备/25
    第三节 观察者应具备的态度/26

第三章 观察与记录的方法概述（洪福财）/29
    第一节 从范式转变思考真实与意义/30
    第二节 观察方法的概分——结构与非结构/34
    第三节 常见的行为观察与记录方法/36

第四章 时间取样（邱琼慧）/47
    第一节 方法概述/48
    第二节 观察与记录/52
    第三节 示例探讨/63
    第四节 分析评量/73

第五章　事件取样（邱琼慧）/77

第一节　方法概述/78

第二节　观察与记录/81

第三节　示例探讨/87

第四节　记录分析/97

第六章　轶事记录（邱琼慧）/101

第一节　方法概述/102

第二节　观察与记录/107

第三节　示例探讨/115

第四节　记录分析/122

第七章　检核表（洪福财、卢以敏）/127

第一节　方法概述/128

第二节　观察与记录/135

第三节　示例探讨与分析/140

第八章　影音记录（张明杰）/153

第一节　方法概述/154

第二节　观察与记录/158

第三节　示例探讨与分析/162

第九章　观察与记录应用于幼儿能力评量（吴君黎、蔡春美）/181

第一节　幼儿能力评量的意涵与重要性/182

第二节　幼儿能力评量的内容与指标

　　　　——以新课纲六大能力的评量为例/185

第三节　运用幼儿行为观察与记录进行评量的

　　　　技巧与示例/187

第四节　运用幼儿行为观察与记录进行评量的

　　　　注意事项/196

第十章　观察与记录的伦理
　　　　——幼儿视野的融入（洪福财）/203
　　第一节　正视伦理以强化幼教老师的专业体系/204
　　第二节　观察与记录的伦理意涵与常见议题/207
　　第三节　伦理的再省
　　　　　——融入孩子的视野进行理解与诠释/214

参考文献/220

第一章　从行为理解幼儿
蔡春美

本章概要
第一节　为何需从行为理解幼儿
第二节　行为透露哪些信息
第三节　解释行为的理论观点
第四节　幼儿行为研究的趋势

行为是什么？

为何需要从行为理解幼儿？

过去的学者对行为如何解释？

未来的幼儿行为研究动向为何？

在开始接触"幼儿行为观察与记录"这门课程时，大部分的学生都会提出上述问题，也会思考这门课程对自己有哪些助益。在幼儿教育与保育相关科系的课程中，"幼儿行为观察与记录"是必修课程，虽然科目名称不尽相同，但希望学生熟悉幼儿行为的意旨是相同的。

本章旨在探讨幼儿行为的意义，亦即我们要从行为理解幼儿的理由。全章将分成四节：首先，说明为何需从行为理解幼儿；其次，讨论幼儿的行为透露出哪些信息；再次，列举过去心理学界对行为解释的基本理论观点；最后，从研究方法、内容与工具的角度说明幼儿行为研究的趋势。

第一节　为何需从行为理解幼儿

一般人常"以大人之心，度幼儿之腹"，以为孩子所表现的一定是自己主观所想的理由。例如：

> 王妈妈的儿子立强，有一天被一只大狗追，他哭着躲在妈妈的背后，王妈妈很生气地对他说："男子汉、大丈夫，怕什么狗，真没用！"这时候，王爸爸走过来，看见立强仍是恐惧地躲在妈妈背后哭泣，就说："太太，你蹲下来看看这只狗好吗？"王妈妈想："蹲就蹲，谁怕谁啊！"当王妈妈一蹲下来，刚好与立强一样高度，这时她看到的狗，可真不小，简直就像一只大狼狗。于是王妈妈起身用温和的声调说："好吧！立强，你就躲在我背后，我们一起走到对街吧！"

前述实例中，孩子的害怕行为，本来得不到妈妈的理解，幸亏爸爸仔细观察到孩子行为的真实意义，并进行了正面回应。爸爸请妈妈蹲下来，是要妈妈以孩子的身高去看看那只狗，这种处理是爸爸的高明之处，他不只会观察行为，还能分析行为的关键，也会处理问题，终于让妈妈能"设身处地"、"低下身来"理解

(understanding)[1]孩子害怕的原因，且能正面处理。可见一个孩子的行为需要其周遭的人仔细观察，才能理解；而孩子的行为也不是观察理解就算了事，还须适当处理及有步骤地回应，这样才算真正地理解孩子的行为，也才能呈现教育的意义。

本节将分两部分，先说明"行为"的含义；其次，说明为何观察幼儿行为是理解幼儿的第一步。

一、行为的含义

"行为"（behavior）的含义颇为复杂，兹分下列几方面加以说明：

（一）依据字义的解释

1. 行

指"做"、"品格"。为：指"行"，亦同"做"，故"行为"乃指人类或动物所做出的表现举止。（正中形音义综合大字典，正中，1973，p.437、p.911）

2. 行

指人的动作，读"xíng"时，指表现的品德；为：指作、行，如"为善最乐"；"行为"有三义：(1) 举止动作；(2) 法学所说意思表露于外部的；(3) 出自有意的动作。（新编国语日报辞典，国语日报社，2000，p.1072、pp.1582—1583）

综合以上解释，我们可以将"行为"定义为：个体的一言一行，一举一动，亦即可观察到的所有举止表现。

（二）心理学对行为的解释

"行为"是心理学中相当重要的一个名词，但也最难以界说，不同学派有不同的观点，本书将于本章第三节加以说明，在此仅就行为的心理学意义，分狭义与广义作简要说明。（黄意舒，1996）

1. 狭义来说

行为只限于个体表现在外，且能被直接观察记录或测量的活动。例如：吃饭、唱歌、跳舞、打架等活动都是行为，因为这些活动不但可由别人直接观察，而且可以利用录音机、照相机、录影机、量尺等工具记录下来，加以分析研究。

2. 广义言之

行为不只限于直接观察可见的外在活动，尚可扩大范围，包括以观察可见的行为线索间接推知的内在心理活动及心理历程。基于此意义，个体的动机、思考、情

---

[1] 理解（understanding）一词从英文字义看，正好与"低下身来"是同义的，可见我们常说的"低下身来才能走进孩子的世界"是有道理的。

绪、知觉、态度等，也都是行为，然而由狭义来看，这些都非直接可观察的。

幼儿通常指六岁以下的儿童，亦有学者泛指八岁以下的儿童。幼儿的举止行动，与大人一样有外显可观察的行为，亦同样可由此推知其内在较难观察的心理活动部分。当然并不是所有内在的心理活动皆可借由外在行为来推知，因为人有个别差异，同样一件事，如打架，其背后的原因常因人而异，不可一概而论。

此外，人的行为有"意识"（consciousness）与"潜意识"（unconsciousness）两部分，意识范围内的行为可分为外在与内在，外在行为可以观察；内在行为则通常可由当事者描述自己的感受，以口头、文字或看图指出与何种图意相似等方式来说明，这些方式被称为内省法（introspection）。对幼儿来说，由于年纪小，口语表达能力尚未完全发展，文字书写又尚未学习，加上内省能力不足，故不能期待幼儿自己来表述心理活动，因此，幼教工作人员的行为观察与记录能力便更显重要。至于"潜意识"部分，是连当事人自己也无法了解的内在心理活动，例如：不被社会规范所接受或违反自己理性的欲念或恐惧等（张春兴，1991），故行为在心理学上的广义用法，虽涵盖了内在和外显、意识与潜意识的一切活动，但行为观察主要涉及内在意识活动与外显的活动，较不触及内隐的潜意识活动。

二、观察幼儿行为是理解幼儿的第一步

（一）观察的意义与过程

观察（observation）一词从字面可解释为"对人或事物仔细察看"或"使用感官（不止是眼睛）对事物获取觉知"。可见观察不是随便看看，而是要仔细看清楚，必须用心且运用所有感官去判断看到什么，代表何意，要将外显与内在的意义全部解释明白。

人在感官接收刺激后会有反应，有的刺激所引起的反应不只是行为方面的，也包括思索判断，这就是"观察"。观察就是"刺激→感官→判断"的过程（黄意舒，1996）。观察的过程可细分为以下四个步骤：

1. 留意、注意

观察的产生，起始于观察者留意到某人或某件事物，然后集中注意力于这件事物上，这件事物就是一种刺激。所谓"注意"，即一个人的感官及思考聚集在某一对象上，使他的所有感官、知觉的接收及思考、动作的反应都针对这对象而起作用，他会听到、看到、知觉到关系着这个对象的信息及所发生的事，可能也会因这个对象而产生一些内在想法或外在行为。例如：妈妈看到四岁的女儿，爬到厨房的椅子上，想拿高架上的糖果罐子，她注意看小女孩怎么拿，心想：没这么容易拿吧！突然一声巨响，妈妈快步冲到厨房，看到孩子跌下来，赶忙安慰她，并拿糖果给她。

2．观察焦点与环境

当我们观察时，一定有观察焦点，或是观察对象，例如上述想拿高架上糖果罐子的女孩，但是我们还会注意到可能影响观察焦点的任何环境因素，例如厨房的桌椅、高架上糖果罐子的高度，以及这些环境因素的互动关系，亦即情境脉络。

3．主观介入与记录

观察者对观察对象的一举一动，虽很客观地在观察，但由于人的内在想法因人而异，不易完全放弃主观，因此观察者的主观会介入观察过程是不能避免的，重要的是观察者能仔细记录过程，再加以分析、推测、归纳、统整、判断。本节开头实例中父母对立强怕狗的想法不同，就是一个明显的例子，父亲能很快地从整个情节中做出明智的判断，其结果就与母亲的处理方式不一样。在此要特别强调"记录"（动词），可能是笔录，亦可能是记忆在脑海里，或用摄影方式拍下影像，也可能用录音器材录下声音。需在短时间内解决的事件可能须及时处理，如来不及作笔记，则可在事后回顾事件过程与处理情形，再记录下来。

4．行为判断

无论是观察的进行过程还是最后阶段，一定要针对观察对象的行为作判断。判断乃指根据客观事实及主观想法，为观察对象的行为作出解释。每一次的观察都应该有判断，没有判断的观察是不完整的观察，只能说是感官接收而已，变成视而不见其详，听而不知其意，失去观察的真正意义。要对观察对象的行为作判断，需要有专业的技巧，这也可以说明为何专业老师对幼儿问题行为的处理常与父母的处理不尽相同。

前述四个步骤亦被称为观察的要素，专业的观察者在前述过程中，皆能注意保持客观，从事实中找证据，也能运用自己主观的经验、理论原则及思考方式等，帮助对事实的了解，配合客观的证据及验证来形成判断。为胜任专业的观察工作，每位观察者皆须接受训练，以养成基本的能力与态度，增进其观察的敏锐度。

（二）理解幼儿行为的困难点

由于幼儿年纪小，有其发展上的限制，故所表现的行为常不易理解，我们常听年轻妈妈抱怨她的孩子很顽皮，她简直要抓狂了；或有些大人饱受邻居小孩的哭闹声骚扰，觉得幼儿实在是最不可理喻的。这对幼儿是很不公平的评语，虽然他们被误解了，幼儿也不懂得抗议。兹分四点说明理解幼儿行为较为困难的理由：

1. 幼儿受限于语言能力的表达

人类语言的发展必须经历一段历程，幼儿的语言能力尚未发展完全，常受限于语言能力无法清楚表达自己的意思，又因尚未学习写字，故也无法用文字书写自己的需求与看法，其行为常遭误解，往往只有照顾者与孩子之间能沟通，而其他人与孩子却有隔阂的情况。

2. 幼儿的肢体动作未完全分化

幼儿的语言能力尚未发展完全，那我们是否可观察其肢体动作呢？问题是幼儿的肢体动作也尚未完全分化，不管是生气或愤怒，都会躺在地上哭叫；想吃糖与想喝水的手势可能也完全一样，因此必须仔细观察其肢体动作的细节，才能理解其需求，绝不能只看其表现的动作，就仓促判断其意义。

3. 幼儿的行为易受情绪影响

从情绪的发展而言，幼儿尚不会适度控制自己的情绪，喜怒哀乐也不能准确表达，只要自己的欲求未能满足，就马上大哭起来。加上其人格发展仍处于自我中心，很难设身处地为别人设想，动不动就要与同伴发生争执，或动手打别人，每一次的表现可能一样都是面红耳赤，但背后的理由可能都不一样，我们绝不能只以其情绪表现来论断其行为。

4. 幼儿有其独特的行为模式

幼儿也和大人一样有个别差异，即使是双胞胎也常有不同的表现，不同孩子对于同一件事物，回馈的反应是不一样的，例如：有些幼儿很喜欢狗，有些幼儿却很怕狗。我们很难用相同的指标去论断每一个幼儿的行为。因此，观察者要以客观的态度去观察每一个幼儿，把每一个幼儿当作独立的个体，去发现其独特的思考方式与行为模式。

（三）观察是理解幼儿的第一步

从前述理解幼儿行为有其困难的理由，我们就能进一步说明观察方法对了解幼儿行为的帮助了。要了解幼儿就像要解开一个谜团，幼儿是一个秘密宝藏，我们已知无法用测验方法或语言描述来理解他。正如洪兰翻译的《天生婴才》（1996，p.182）所说："当用语言作媒介时，孩子的行为会变得不明确。"观察法最大的优点是可以将当时的实景与现象，包括特殊气氛与情境，以及幼儿的所有肢体动作细节记录下来，亦即可搜集幼儿的真实行为。观察法可以了解幼儿无法被测量的行为；可以不受限于幼儿情绪发作或不合作态度的影响，因为情绪发作或不合作态度正是我们要观察的焦点。我们若能以专业的观察技巧，从幼儿的角度深入孩子的内心，进而记录其一切表现，再加以分析、判断，这就是开始理解幼儿行为的第一步了。

第二节　行为透露哪些信息

前一节已说明"行为"与"观察"的含义，并说明观察的四个主要过程；也从理解幼儿行为的困难点，了解了只有观察才是理解幼儿的第一步。兹先摘录一段"幼儿行为观察的记录"实例，再说明为何行为是可观察的，幼儿的外在行为与内在意识透露哪些信息，以及如何解读幼儿的行为等问题。

以下是一位大班老师对班上幼儿小青的观察记录：

表1-1　小青吃点心的行为观察记录

时间／地点／情境	观察记录（客观事实）	主 观 解 释
2015.11.02 AM10：00—10：15 点心时间 绵羊班教室	小青坐好，拿汤匙喝绿豆汤，才喝两口，看到邻桌小立将绿豆捞在桌上排成正方形，小青也跟着捞绿豆出来排正方形，边喝绿豆汤边玩桌面上的绿豆，自言自语地说："汽车来了……"吃完点心就出去洗手台洗碗，拿抹布来擦桌子，把桌上原来的绿豆擦到地上。老师看到了，就来请他把地上的绿豆捡起来丢到垃圾桶里。	小青模仿小立捞绿豆排形状 小青假想汽车来了 小青配合常规擦桌子、洗碗，但破坏了地面清洁 小青配合老师指示

一、行为是可观察的

从表1-1的记录，我们可以看到幼儿的行为是可观察的，我们只要仔细看，忠实地描述其行为表现，就可看到许多信息。从老师在"主观解释"栏中，记下她对小青吃点心行为的判断，可以理解小青这孩子在短短十五分钟的点心时间，有模仿、假想、配合、破坏等行为表现，至于更进一步的分析，就必须从外在行为与内在意识去理解。

行为观察是针对一个人的言、行、举、动去描述，虽用眼睛去"看"被观察者的外在表现，但也要省思："我看到了什么？""我看到的行为表现真的能代表这个孩子的行为吗？"

二、外在行为与内在意识

我们观察孩子的外在行为后，接下来很重要的工作是推测这些外在行为表现的

"内在意识"。心理学者所关心的内在意识乃指这些行为的意义,也就是孩子表现这些行为背后的内在动机、意念、情绪等,借着理解外在行为的内在意识,才能真正解释这个孩子的兴趣、思考、价值或个性,以及他为什么这样做。这种理解可以帮助教育工作者设计课程,决定教学与辅导方式,因此,观察在教学与儿童研究方面有其重要的功能。

三、幼儿行为的解读

观察幼儿行为的目的在于对幼儿的行为表现进行正确的判读。这正确的判读不只是描述看到的行为,更须理解这些行为表现的内在真实意义,这种过程就称为幼儿行为的解读。

解读幼儿的行为,通常有三个主要过程:

(一)直接描述看到的行为

观察的第一步骤是直接将所看到的幼儿行为描述下来,除了观察者要仔细看以外,尚须小心不将自己的主观判断混杂于描述记录中,亦即须呈现客观的描述记录。以下举例说明何谓主观观察描述,何谓客观观察描述:

1. 主观观察描述:"小美打破吃点心的瓷碗,她很不高兴地哭起来……因为她怕被老师骂……"

2. 客观观察描述:"小美和隔壁的小英边吃点心边玩,小美的瓷碗放在桌沿,小英一挥手,瓷碗掉在地上,破了,小美哭了,小英毫无表情地看着小美。"

我们可以比较上面两则观察记录,前者加上不少观察者的主观判断或推测,会影响后续对小美行为的解读,所以应注意直接客观地描述幼儿行为,才能帮助幼儿行为的解读。

(二)进一步诠释

当观察记录完成后,观察者可依据观察的行为描述资料,给予行为意义的初步解释。比如我们在本节表1-1的"主观解释"栏所写的,因为"小立将绿豆捞在桌上排成正方形,小青也跟着捞绿豆出来排正方形……",故观察者可解释为"小青模仿小立捞绿豆排形状"。观察者的细心观察、正确客观的描述,再据以整理每一行为表现的内在意义,这样的过程对幼儿行为的理解是很重要的。

行为的诠释并不是一件容易的事,因为会涉及观察者的主观,由于每位观察者的先前经验及个人的信念、价值观不尽相同,故常会有同一个行为,三位观察者却有三种不同的解释。为避免此种后果，幼儿行为观察者须接受专业训练，也须有同侪互相讨论机会以调整自己的偏见与涵养。

（三）推论

幼儿行为的解读经过前述两个过程后，就进入推论的阶段，推论就是根据前述直接描述与进一步诠释对幼儿行为下结论的工作。为了不轻下结论，前面两个过程的资料一定要仔细阅读，找出多项行为信息，才能下结论，而此结论亦非永久不变，如其后的观察描述会推翻先前的结论，亦须重新下结论，才不会造成对幼儿不正确的刻板印象，甚至成为标记（labeling），让其周遭的人误解此幼儿的特质。例如，有些老师只凭两三次的观察记录，就说某一幼儿是自闭症或过动儿，这种草率的下结论是所有幼教老师皆须小心避免的。

第三节 解释行为的理论观点

有关人类行为的研究，必须基于科学研究的基础。由于人类的一生是一段发展的过程，不断受到某些与生俱来的特质以及后来所获经验的影响（黄慧真，1989，p.6）。人类发展的研究，便是对人们随时间的改变所产生的质和量上的变化，进行科学性的研究。量的变化是较直接而容易测量的，例如身高、体重、使用词汇等数量上的变化；质的变化则较为复杂，包括智能本质的改变、情绪的变化等。有关发展的理论很多，本节将介绍四种对幼儿行为的诠释较有影响力的理论，分别是心理分析论、行为论、认知发展论及人文理论。兹分述于下：

一、心理分析论的观点

心理分析论又称精神分析论，乃奥地利精神科医师弗洛伊德（Sigmund Freud，1856—1939）所提出的。他从治疗精神病患的经验与病理研究中创造了精神分析学派，提出他的人格发展理论。他认为人的一举一动都受到某种动机的驱使，而许多动机根源于人的潜意识，非个人所能察觉。此理论主要着重于说明引发行为的内在力量。心理分析论的重要观点有三：

（一）本能、目标与动机

弗洛伊德认为人是一个复杂的能量系统，所有的行为包括思考、学习以及各种心理功能表现，都是由心理能量所推动的，心理能量的来源则是婴儿与生俱来的本能（instincts）。本能可分"生"之本能与"死"之本能两种，前者以促进自我的生存为目标，引导个体种种维持生命的活动，如呼吸、饮食以及其他满足身体需要的行为；而死之本能，则是存在于个体本身的破坏力量，当个体对死之本能累积的能量超过其所能容忍时，就向外宣泄而产生如自虐、斗殴等行为（苏建文，1991，p.20）。

弗洛伊德的基本主张是：人有两种意识状态，一是可察觉的意识，另一是不能察觉的潜意识。人在意识状态中，常会利用一些技巧，即所谓的防卫机构（defense mechanisms），使那些痛苦或不愉快的记忆和想法，不会在意识状态中出现，而心理分析的目的就是把那些被我们压抑的想法提升到意识状态的层面，使我们能真正地面对及解决，这种过程就称为自由联想（Free association）（林惠雅，1990，p.28）。

（二）人格的结构

依弗洛伊德之观点，心理能量可以分为三部分，即人格结构的本我、自我、超我。

1．本我（id）

本我系与生俱来的本能需求，主要功能是追求本能需求的立即满足与避免痛苦，其遵循的原则为享乐原则。婴儿初生几个月的行为多属反射的，本我本身并无直接满足其生物需求的能力，渐长后因经验而能运用本能来满足需欲。

2．自我（ego）

心理能量逐渐从本我转向知觉、学习以及逻辑推理等重要的认知历程时，便形成自我。自我具有两项功能，一为寻求实际方法以满足本我的需求，如饿了找东西吃；二为控制本我的不合理冲动，其所依的原则为现实原则。

3．超我（superego）

超我是人格结构中的道德仲裁者，由自我而发展，分理想我（ego ideal）与道德良心（conscience）两部分。三至六岁的幼儿能逐渐将父母或老师的道德观与行为准则内化，成为其自身的道德标准与行为准则，能在做错事后产生罪恶感与羞耻心，这就是超我的力量。

弗洛伊德认为人格结构中的本我、自我及超我，虽各司其职，但三者应维持平衡，个体才能具有健全的人格，自我居于中间，发挥调节与平衡的作用。

（三）人格发展的分期

弗洛伊德认为性本能是最重要的心理能量来源，他以不同发展阶段"性心理"的特征，将个体的发展分为下列五个阶段（苏建文等，1991；陈帼眉、洪福财，2001；蔡春美，2001）：

1．口腔期（the oral stage；出生至一或一岁半）

婴儿通过口腔活动来获得满足，如吮吸、咬嚼及吞咽等活动。母亲或家人对婴儿口腔活动之限制与否，会影响其长大之性格是退缩、悲观还是开放、乐观。

2．肛门期（the anal stage；一或一岁半至三岁）

一岁后，孩子性本能的满足由口腔区域转向肛门区域，孩子会以肛门排泄作用为满足的来源，此时期正值父母对孩子开始进行大小便训练，父母教养态度是否严格，也会影响孩子是顽固、刚愎、吝啬还是随和、懦弱、浪费。

3．性器期（the phalic stage；三岁至五六岁）

此时期的幼儿常抚摸性器官以获得快感，恋母或恋父情结（Oedipus complex or Electra complex）亦在此时期发生。男孩会爱恋母亲，女孩会爱恋父亲，同性亲子关系因争宠而紧张或敌对；儿童因害怕同性父母的报复，会转而认同同性的父母，吸收他们的价值观与人格特质，趋向与生理性别相同的性别角色发展。

4．潜伏期（the latency stage；五六岁至十一二岁）

儿童自五六岁以后，性冲动暂时隐没，而转向学校的课堂与游戏当中，对各种活动都很有兴趣，对性别非常敏感，是同性相吸阶段，男女生皆把自己局限于同性的群体。

5．两性期（the genital stage；十一二岁至二十岁）

随着青春期来临，性器官成熟，性荷尔蒙分泌增加，致使性本能复苏，性器官再度成为身体的敏感区域，青少年男女开始以异性为爱慕对象。由于社会与家庭中的性禁忌很多，青少年会感到紧张，为消除性威胁，有些青少年会在家庭中退缩，也会贬抑父母，造成亲子冲突，直到他们与同侪建立较密切的关系后，亲子关系才会恢复正常（黄德祥，1997）。此阶段与前述口腔、肛门、性器等阶段不同的是，青少年已从一个追求肉体快感（直接目标）的孩子转化到追求更有价值目标的青少年，这些目标包括形成友谊、从事职业活动与婚姻准备等活动，以便完成生儿育女的终极目的。

弗洛伊德的心理分析论受到许多正反面之评论，例如，恋母、恋父情结并非普遍存在于每个儿童，对精神病人的研究是否可以推论到一般人的发展等，但是他所提出的儿童早期经验影响长大成人后的人格特质，及父母教养态度对子女人格发展之影响等论点，则是不可否认的贡献。

修正心理分析学派的学者中最有名者为埃里克森（Erik H. Erikson, 1902—1994），他是美国人，乃弗洛伊德的学生，他认为人是社会的产物而非性本能的产物，因而将其理论命名为心理社会发展论（theory of psychosocial development）。依埃里克森的看法，人格的发展并非止于青春期，而是终其一生的历程。他将人的一生分为八个阶段，由于个人身心发展的特征与社会文化的要求不同，每一阶段都有其独特的发展任务与所面临的发展危机（crisis），兹整理文献列如表1-2：

表1-2　埃里克森的心理社会发展阶段分期与重点

阶　段	年　龄	阶段危机	发展重点
Ⅰ婴儿期	出生—1岁	对人基本的信任感 v.s. 不信任他人	亲子关系是信任与不信任发展的主要力量
Ⅱ儿童初期	1—3岁	活泼自动 v.s. 羞愧怀疑	儿童需要学习自我控制、建立自主感
Ⅲ学前期	3—6岁	创新 v.s. 退缩内疚	儿童需要保有自由与好奇心以掌握环境
Ⅳ就学期	6—12岁	勤奋努力 v.s. 自贬自卑	儿童需要学习面对不当幻想，努力完成学业，并获得成就
Ⅴ青春期	12—20岁	自我认定 v.s. 角色错乱	青少年需要获得自我的独特感，并学习获得社会中有意义的角色与地位
Ⅵ成年期	20—40岁	友爱亲密 v.s. 孤独疏离	成人需要学习如何爱人与付出爱
Ⅶ中年期	40—65岁	精力充沛 v.s. 颓废迟滞	成人需要具有创造力与生产性，包括了思想、产品与子女
Ⅷ晚年期	65岁以后	自我统整无憾 v.s. 悲观绝望	老年人需要满足于过去的一切，但不迷恋，能肯定一生所作所为

参考修改自：1. 苏建文等（1991）发展心理学。台北：心理，pp.25—27。
　　　　　　2. 黄德祥（1997）。亲职教育。台北：伟华，p.38。

埃里克森的人生八阶段理论说明了每个人终其一生都在家庭、友伴、学校、邻居、社区等环境中面对或应付各种心理危机的挑战，修正自己，形成并发展自己的人格。每个阶段都有一些对他有影响的人，帮助他或阻碍他的发展，尤其父母在孩子发展过程中更是举足轻重（黄逎毓，1988）。每一阶段的危机皆与家庭成员，如父母与子女、兄弟姊妹、夫妻、祖孙等的人际互动的态度与行为有关。

二、行为论的观点

行为论又称学习论，其重点在于探讨人是如何学习的。人的刺激与反应之间结合的学习历程，才是行为发展的基础。此理论所研究的是可观察测量的行为，不涉及经由内省的意识或假想的潜意识等。构成行为的基础是个体的反应，新反应在制约作用的控制下产生，个体行为不是先天遗传的，而是在后天环境中学习的。

行为论包括两派较受瞩目的理论，兹分述如下：

（一）行为学派

此派创始人华生（John B.Watson）认为个体发展并非呈阶段方式进行，而是通过刺激与反应之间的联结（S—R）过程逐渐习得新的复杂行为模式。其后有提倡操作性条件反射（又称工具性条件反射）的斯金纳（Burrhus F. Skinner），他认为人会因受到强化而继续做出好的行为，或因被惩罚而压抑行为。

（二）社会学习学派

此派以班杜拉（Albert Bandura，1925— ）为代表，他认为人类的行为并不完全像行为学派的华生或斯金纳所说是刺激与反应间的制约历程，他主张个体行为的养成，多数是经由观察与模仿而形成的，其理论兼顾认知因素与环境因素，并认为个体主要模仿对象为父母、同侪、老师。个体观察学习的历程包括注意、保留、模仿动作、动机等，这些模仿对象若能提供良好的示范与正确的行为模式，孩子观察与模仿后便会产生正向行为。

三、认知发展论的观点

有关儿童认知发展的理论颇多，最著名的是瑞士学者皮亚杰（Jean Piaget，1896—1980），他自1920年代开始研究儿童智力的发展，认为儿童是一个建构者（constructivist），他们根据认知发展的层次来建构现实世界，而非完全受本能影响或受制于环境。

皮亚杰认为智力的主要功能是协助个体适应环境。智力是儿童思考的内容，智力结构的基本单位是图式（schema），智力活动的主要目标则是在个体的思考历程与环境之间建立和谐的平衡关系。环境中种种新奇的刺激，如不能为儿童所理解，则可能形成儿童与环境之间的不平衡，从而促使儿童调节自己的心理结构，以适应环境。皮亚杰认为人类与生俱来具有组织（organization）与适应（adaptation）两种心智功能，而且以同化（assimilation）及调适（accommodation）两种作用来改变认知结构。同化与调适历程是同时并进、相辅相成的，儿童一方面同化新的经验，另一方面也同时调适自己的认知结构，以适应环境的新要求。通过此两种历程，儿童对世界的了解增进了，而其认知结构亦朝高层次发展（苏建文等，1991）。

皮亚杰认为认知发展乃一系列质的变化阶段，亦即前一阶段与后一阶段的差异，不是程度上、数量上或功能上的区别，而是结构上的不同（蔡春美，1988）。兹将其认知发展阶段的分期详列如表1-3：

表1-3　皮亚杰提出的认知发展阶段

发展阶段	年　龄	主　要　发　展*
感知运动期	出生—2岁	1. 反射性动作→自发性动作 2. 自我中心，建立物体永存概念
前运算期	2—7岁	1. 以直觉来了解世界 2. 自我中心，认为万物皆有生命
具体运算期	7—11岁	1. 借亲身经验与具体事物进行抽象思考 2. 逐渐脱离自我中心，具保留概念
形式运算期	11岁以后	1. 能运用符号、语文 2. 能抽象思考、处理假设

* 作者参考整理自：1. 蔡春美（1988）。儿童智慧心理学——皮亚杰认知发展学说。文景，pp.59—115。
　　　　　　　　2. 台湾编译馆（1987）。儿童发展与辅导。正中，pp.137—140。

四、人文理论的观点

人文理论的观点认为，人类具备主宰自己生活，并形成自身发展的能力。此派乃源自1962年的人文心理学家协会，此协会的学者们不认同行为论与心理分析论对人的行为的负面看法。人文理论的观点是强调个体可经由选择、创造、价值判断和自我实现等特质，以健康、正面的方式来完成自己的发展。

马斯洛（Abraham H. Maslow，1908—1970）是人文心理学的代表人物，人文心理学家所隐含的人文主义（Humanism）强调人类行为的意义在于当事者的主观诠释，而非环境所附加给他的。马斯洛提出人类行为动机的需要层次，当人类满足了最基本的需要后，便继续寻求高一层需要的满足，依次渐进，直达到最高层的需要为止，如图1-1。能达到最顶点需要的人，大概一百人中只有一人。虽然没有人能全然地自我实现，但是以健康方式发展的人，总是朝着自我实现的方向前进。

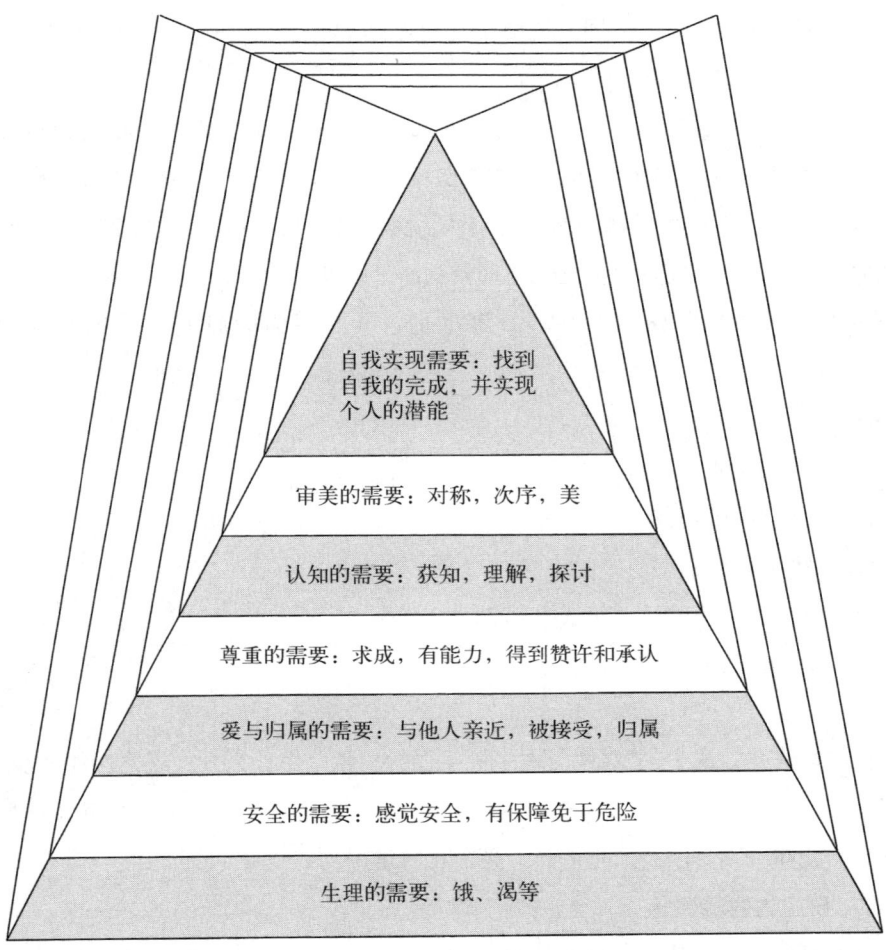

图1-1 马斯洛的需要层次（1979年提出）
资料来源：引自黄慧真译（1989）。发展心理学。台北：桂冠，p.27。

第四节 幼儿行为研究的趋势

第一份有关儿童研究的报告出现在瑞士，在1774年，斐斯塔洛齐（Tahann H. Pestalozzi）出版了他对自己三岁半儿子的成长观察记录（林惠雅，1990）。1877年，达尔文（Charles R. Darwin，1809—1882）出版以日记法来记录他儿子生长情形的著作，距离斐斯塔洛齐的出版著作，差不多相差一百年。这些早期的日记或描述孩子成长的日记，对儿童研究有重要的意义。从1900至1950年代，儿童研究以非常迅速的速度"成长"，五十年内，我们所得到的关于儿童的知识与了解，就比前几世纪所得的总和来得多。时已二十一世纪，大家都能体认今后将有更多人力与物力投入儿童研究，兹从下列三方面，说明幼儿行为研究的可能趋势：

一、研究方法的扩充

对幼儿行为研究有兴趣者，会运用第三节所介绍的各种理论，这些理论涉及儿童如何发展及其行为如何解释，但并不是所有的研究者都以理论为基础去做研究，有的较注重如何去搜集资料。因为他们认为资料的搜集，是攸关研究结果正确性的最重要因素，如此才能据以描述、解释及预测个体的行为。

随着人们对幼儿研究的兴趣日渐增加，幼儿行为的研究方法也相继增多，例如：

（一）自然观察研究；

（二）实验室研究；

（三）实验田野研究；

（四）个案研究；

（五）测验及调查；

（六）晤谈或临床研究。

在这些研究方法中，"观察"占了极重要的角色。用什么方式观察？如何观察？观察什么？观察后如何记录？……这些问题都可能因研究方法的扩充而有所改变。未来的发展在研究方法的扩充方面，必定有所增进。

二、研究内容的深化

过去对幼儿行为的研究，较偏重于记录其发展过程，近年来已逐渐探讨幼儿行为的多层面，例如：生理的发展，智能的发展，人格、情绪或社会行为的发展；有关人类发展的个别差异以及影响发展的因素，也逐渐成为研究的焦点。

"幼儿期"、"儿童早期"、"童年"等名词代表人们关于幼儿行为研究较新近的概念。过去人们常认为孩子是"小大人"，今天我们对儿童的态度已和昔日大不相同，观念的改变会影响研究儿童的方法，更会改变研究的内容，尤其世界变成地球村之后，不同地区人类的交流更为频繁，幼儿行为的研究除继续关心生命全期的发展外，也开始注意不同文化与不同社会经济水准的环境对幼儿的影响；而幼儿园里的师生互动或幼儿间的同侪互动，也渐成为研究主题之一。我们可以预见未来幼儿行为的研究内容必将涉及更多层面，且研究将更趋向深度化。

三、研究工具的多样

处于重视科技整合的时代，人类各种学科的精华将可运用来说明每一个人的发展。研究幼儿行为的工具，除了用研究者的眼睛来观察外，摄影机、录音机、数码相机都已派上用场，电脑的发明，更方便了资料的整理。尤其考量幼儿的"难以合作"及"语言表达能力尚未发展完全"的特质，研究工具的开发与选择，将成为重点项目。当我们愈了解幼儿行为的特质，就愈发现多样工具对幼儿行为研究的助益。多种方法与多种工具并用来研究某一幼儿行为，将是必然的趋势。

　　观察不仅是一种科学工具，也是有价值的日常技巧，本书各章所呈现的皆为基本的观察策略，是入门学习者学习的基础。只有具备基础观察策略知能的人，才可能在运用自如之后，想出更多样的研究工具来丰富幼儿行为研究的领域。

思考作业

1. 心理学对"行为"如何解释？
2. 何谓"观察"？观察的过程可细分为哪些步骤？
3. 理解幼儿的行为有哪些困难？
4. 解读幼儿的行为通常有哪些主要过程？
5. 试以弗洛伊德、埃里克森与皮亚杰的观点，比较分析二至六岁幼儿之行为发展特征。

第二章　观察与记录前的准备
卢以敏

本章概要

第一节　观察人员的准备

第二节　工具的准备

第三节　观察者应具备的态度

作观察记录前，我的专业能力准备好了吗？

作观察记录前，须准备的东西我了解了吗？

作观察记录前，须注意的事项我都明了了吗？

在支架式教学中，教师必先了解幼儿的发展、学习或需求，因此对幼儿的观察判断，必须是正确、负责且有效度与信度的专业观察。在观察前，老师在专业知识储备和工具方面的准备愈完善，则愈能朝专业观察之路迈进；唯有通过专业的观察，从活动的情境中感应幼儿语言或行为的意义，才能达成了解幼儿的目的；善于观察有助于教师的自我省思，并能使教师在幼儿学习过程中提供适当的协助，以提升教师的教学品质。

第一节 观察人员的准备

在进行观察与记录之前，幼教老师应做好相关的准备，兹说明如下：

一、对幼儿行为发展的认识

如果幼教老师对幼儿发展的认识不足的话，观察容易流于主观而无意义，前述结果当然对接下来的课程设计与学习活动都毫无助益。

近年来，幼教界普遍接受适度发展的观念，此种观念亦可应用于观察与记录的讨论。所谓"适度发展"（developmental appropriately）的观察评量，是指尊重幼儿的发展、需求、能力与兴趣，通过有系统且丰富的质性信息搜集，对幼儿的发展现况进行深入的了解，尊重幼儿作为一独立个体且有自己的发展速率及模式，绝不要求幼儿追逐一个对他来说毫无意义的"标准"，甚至于要求幼儿将所有成长以"可测量"的方式呈现出来。

"适度发展"的意义包含两个层面，一是年龄适宜，指的是同年龄的孩子在各方面的发展应有一个大致相同的模式；二是个体适宜，意指即使同年龄的孩子仍有个别差异，不应认为同年龄的孩子之需求、能力与发展速率完全一致。由于许多成人对"适度发展"的意义与重要性不了解，所以经常忽略幼儿的发展阶段，要求幼儿以成人认为合理的、有效率的及有系统的学习方式来学习，并错定学习目标，导致幼儿的学习兴趣低落，学习效果不佳。更有甚者，成人经常忽略尊重每一个幼儿均为完整独立个体之基本原则，进而要求幼儿"学习"、"配合"别人的发展步调，放弃自己原来独特的学习方式，这对幼儿自我概念的建立着实有极大的伤害。

幼教老师在进行观察之前，要先对幼儿行为发展有初步的了解，除了要能理解幼儿行为发展的过程外，也借对幼儿发展上的了解，更理解幼儿行为尚未接受太多社会化的影响。幼教老师因为对幼儿发展的了解，更能以正确的态度及观察来记录每位幼儿天真独特的表现，也因为如此，对于所作的观察记录也更能客观正确地分析，让观察记录更具成效。幼教老师借由阅读幼教相关期刊、杂志或参加研讨会等方式充实相关知能，都是不错的方法。

二、对幼儿所处文化背景的认识

所谓文化背景，包括种族、语言、肤色、信仰、性别、社会经济地位等。幼儿先天的条件与后天的成长环境皆是塑造其"特质"的重要因素，幼教老师必须尝试对每个幼儿的文化背景有深入的认识。班尼特（Bennett，1986）主张，老师应面对自己的文化意识，了解幼儿的文化差异，以便进行多元文化的教学。林奇（Lynch，1989）建议，老师和学生必须窥知文化的多样性，作为创造的动力（陈美如，2000）。老师必须将幼儿从家庭带到幼儿园的知识与经验当作教学资源，同时应承认语言与家庭文化对幼儿的重要性。老师还必须具备基本的文化素养，检视自己是否有文化偏见与刻板印象；更重要的是，老师要对幼儿的各种文化背景保持尊重与接纳的态度。老师的良性示范可以引导幼儿互相尊重彼此的差异，也唯有能尊重、接纳每个幼儿的文化背景，老师在对幼儿进行观察时才不至于以"一元化"的标准来看待幼儿"多元化"的表现，在为幼儿发展与成长下评语时，才会从多重角度去考量孩子不同的需求，不致妄下论断，错下结论。

三、对观察与记录基本原则的认识

在进入观察情境前，以下原则及步骤提醒观察者进行更充分的准备：

（一）确定观察的目标

观察并非漫无目的地看，有很多理由值得幼教老师去观察幼儿的行为，有目标的观察不仅可以帮助幼教老师了解幼儿的表现，也可帮助老师通过观察获得经验，这些记录可以帮助老师作有效的课程规划或改进，也可作为家长了解孩子发展的依据。

在进行观察前，老师要先确定观察对象，观察行为为何，观察目标是什么。同时老师应斟酌拥有的资源、观察环境和记录方式的适切程度等。

（二）确定观察的地点

订定观察目标后，确定观察地点也是很重要的环节。幼儿在不同的环境之下会表现出不同的行为，若能从不同环境观察幼儿，将有助于了解所选定观察行为的意义。但是大部分的幼儿生活重心不是在幼儿园,就是在家庭中,幼教老师通常只能在幼儿园进行观察。因此,如果教师能获得家长的协助,同时从居家的角度观察幼儿行为,亦有助于了解幼儿。

(三)选择观察方法及工具

观察方法有很多种,教师往往需要一段时间的练习与改进才能掌握要领。关于观察方法及工具的选择,兹分项说明如下:

1. 观察的目的是什么?

假使观察的目的是希望将观察结果提供给家长作为亲子教育的参考,或希望家长协助在家参与观察记录,则可考虑以简单易懂的形式呈现,例如,可设计简易的检核表。若希望观察结果能向幼教老师提供有效评量幼儿发展的记录,进而提出补救或改善教学的建议,教师可根据择定的观察行为,制作系列的检核表,待进行一段时间的数次观察后,便可以简明地呈现幼儿在此段期间的行为表现情形。

2. 记录方式是否适合自己的观察目的?

记录方式相当多元,幼教老师可依据自己的经验、时间、观察目的、观察目标、对观察法的熟悉度等,选择适合的形式。例如,若观察目标是要了解孩子手部的小肌肉发展,除了文字描述外,若能加上相片或影音记录资料则更佳。

3. 这份观察记录将用在哪里?可延伸到什么地方?

观察记录的可能用途包含学习记录、行动研究、教学理念及课程检讨、教师成长档案、教学模式转型、建立班级常模等,事前考量愈完善,则愈能做完善的观察记录,所完成的观察记录才能被有效地分析及运用。例如,观察结果若需提供给家长,是否有栏位向家长进一步解释或说明?是提供原始的记录内容还是需适度转化?都可以一并考量。

(四)观察时机的选择

幼儿行为随时都在变化,任何时间都可以是观察时机,但有些观察的行为是有时间性的,例如:幼儿的餐饮习惯就必须在用餐时观察,或是想要比较同一个行为在一天的不同时段出现的情形,也可以选择不同的时段作相同行为的观察,这都牵涉观察时机的选择。前述时机选择最重要的是与观察目标的契合性,但老师的能力、幼儿的感受等,都是必须同时考量的重点。

四、观察者应注意的事项

幼教老师的工作是紧凑又忙碌的,事先检视自己的工作习惯是重要的,这样不但可以帮助幼教老师从手忙脚乱进步到成为专业有规划的老师,也能帮助幼教老师面对班上孩子时更从容不迫地从观察中发现他们的兴趣、能力及需要,并在教学的每一天为班上的幼儿进行课程安排。以下几种情形是观察前要特别注意的:

(一)检视工作习惯

幼教老师是一个有着很多繁琐事务的职业,每天要做的事很多,大到教学活动、联络家长,小到为幼儿更衣、喂药等;如果每天只是例行性地完成这些琐事,久了幼教老师就会发现每天被这些琐事占满了,无暇腾出时间对每位幼儿作观察记录,对幼教工作容易失去热情,更别谈为幼儿的个别差异作教学规划了。

因此,如何从手忙脚乱的新手,进步到专业、自信、对幼教充满热情的老师,完善的时间规划是重要的;而要有完善的时间规划,第一步就要先检视自己的工作习惯。建议幼教老师准备一份班上的作息时间表,花一些时间记录每天运用在各项作息的时间,例如:午休时间中指导幼儿如厕、刷牙、铺被、安抚等的时间各是多少?在美术活动时,分配在准备材料、说明指导、教室秩序管理、协助收拾、分享讨论的时间各是多少?经过了一个星期或两个星期后,幼教老师可以用下列各项目来检视自己的工作习惯:

1．课堂中真正分配在幼儿学习指导上的时间是多少?

2．有哪些事是每天都必须去做的事?这些事占掉自己多少时间?例如,整理教室环境。

3．有哪些事无关幼儿教学指导,而它总是花掉比预期更多的时间?例如,准备材料。

4．有哪些事可以不用每天重复执行,可以集中一次就做完的?例如,制作幼儿姓名贴纸。

当幼教老师依照班级作息表检视过自己的工作习惯后,接下来就要做有效的时间管理及安排,以腾出时间做观察记录。具体建议如下:

1．工作场所除了需要使用的东西以外,其他物品请依分类收在该放置的地方,如此随时随地都可以迅速地取到自己想要的东西,尽量避免在教师的工作柜上及桌子上堆满杂乱无章的各种材料。

2．清除教室中的垃圾、污物、异物,把工作场所打扫干净,让教室中的物件保持在随时可用的状态。虽然使用的物品位置都清楚标示,也能够立即取得,但是这些教具、工具或是材料等,都要保持在最佳使用状态,才能达成清扫目的。无论能否立即看见,都需要随时注意。

3．培养幼儿的责任感。例如:让幼儿学习承担自己工作范围内的整洁维护工作，如用完点心后，幼儿要将自己的桌面擦拭干净，整理收拾玩具等。

工作规范一旦开始，就不可中途放弃，长时间累积的不好的工作习惯及不流畅的工作程序，往往需要花费更多时间来矫正。

（二）减少可能的干扰因素

在幼教老师开始进行观察前，需要先排除环境及人为的干扰，才能专心致志，让注意力集中。

1．环境

在观察前，检视观察环境是否能让您听到幼儿间的对话，视线是否清楚，能看到幼儿的举动，灯光、温度是否合适，是否会让自己或幼儿感到不舒服。上述是对于观察者直接出现在观察环境中的建议，但有时有些观察因观察计划的考量或避免"霍桑效应"（Hawthorne effect，即当被观察者知道自己成为观察对象而改变行为的情况），需要在设计的观察情境下加以观察，例如，有些园所设有单向观察室或在教室中设有录影设备，前述环境规划就可以减低对观察对象的可能干扰。

2．人

进行观察前，应先对园内的人（例如园长、老师、幼儿家长……）多方了解，确认观察是否获得园长、同侪老师、幼儿家长等人的同意与首肯，尽可能详加说明希望配合的事项。

（1）园长

让园长知晓，能帮助观察者在观察时间内，不会因突然的宾客到访或园长的突然约见等而影响观察，亦可避免与园所活动相冲突。

（2）家长

让家长了解观察目的及计划，除了增进家长对园所老师用心的肯定外，亦可请家长在家继续观察协助，并能提出结果共同讨论，以增进亲师沟通，也有助于观察记录的效用。

（3）同侪教师

在观察前，与同侪教师作观察讨论，有助于做周延的观察计划，且在做观察时，搭配的教师也能先配合接手一些保育工作，让观察记录有完整时间，不至于被突发的教室状况干扰中断；当幼儿好奇观察者在做什么时，也能因同侪老师的引导而减少对观察者的干扰。

（三）暂不加上自己主观的描述

尽可能将观察到的事物确实完整地记录下来，不加入观察者私人的成见、解释、评价及印象等。我们常不由自主地将自己的价值观或态度加诸幼儿的行为及人格上，一旦有了这些印象就容易使评量失真。例如，为人所知的"晕轮效应"，一个人表现好时，大家对他的评价远远高于他实际的表现，就如同我们看月亮的大小，不是实际月亮的大小，而是包含月亮的晕光；反之，一个人表现不好的时候，别人眼中他的差劲程度，也会远大于他真正的表现。

第二节 工具的准备

工欲善其事，必先利其器。观察前做好完善的工具准备，可避免在实际观察时因临时需要某些器材而造成观察的中断。完善的工具准备有时可帮助观察者增进记录的详实性，有时亦可帮助观察者顺利且较快速完成记录。

一、记录纸

观察前，准备好适当的记录纸或观察表格，最好针对所要采用的观察法在记录纸上画好表格，方便有效率地记录和归纳，例如，使用时间取样法（各观察记录法格式请参考本书各记录法章节），可先设计观察表格并试用，以使观察更具效率。

其次，也可以准备一些标签或便利贴，方便在观察记录时将需要特别注意或注记的地方作记号或提醒，也可以用来当作轶事记录之用，方便随身携带。

二、笔

笔的选用，首重清晰，建议可准备不同粗细及两三种颜色的笔交替使用。用不同颜色或粗细的笔，标记重要的或须注意的部分，也可以多准备几支随身携带。

三、计时的工具

时钟、手表或秒表等，都是可用的工具，有些观察法中，计时工具是必备工具，例如，时间取样法，必须在特定的时间内观察幼儿的行为表现。在作观察记录时，随时将记录的时间记下来也是必要的。因此，准确的计时工具是作观察记录时必备的。

四、影像记录工具

随着科技的进步，观察者在作观察记录时，能借由录音机、录影机、照相机等工具来完成对幼儿的观察记录。使用影像工具除了有保留当时影像的好处外，新手老师也能借着影像工具来作观察情境的再回顾及修正，减少记录的错误。要事先了解这些影像记录工具的操作方式，这样才不会因对机器不熟悉，影响观察的完整记录。

总之，观察记录时的工具选用，除了须注意是否符合观察需求外，也要考虑使用者的喜好及熟悉度，且须注意耗材——电池、影像记忆卡、墨水等的补充。事前有完善的准备，就可从容不迫地展开观察了。关于影音记录法的详细说明，请详阅第八章。

第三节 观察者应具备的态度

除前述人员、工具等准备事项外，幼教老师进行观察与记录，尚须养成下列正确态度，兹列述如下：

一、观察者宜有良好的自我准备

在进行观察前，如果被观察的对象是自己班的孩子，事前一至二周对于须作的准备做好周延计划，可以很快进入状态；如果待进行的观察环境扩及教室以外或是幼儿的家庭，准备的工夫就必须更为仔细。兹提出以下细节供参：

（一）先联系幼儿园

主动或委由他人协助于观察前二至四周先行联系幼儿园，出发两天前再与园长联系确认一次。

（二）严守约定

前往观察时，务必严守与幼儿园的约定，约定事项可能包括：观察对象，观察时间，观察记录，保密事宜，是否可以录影、录音或拍照，是否可以与观察对象谈话；谨守参与观察或非参与观察等方式。前述问题在事前联系时都须事先作详尽的讨论及清楚的询问，一旦确定后也务必遵守约定。关于观察与记录的伦理与道德问题，后文会另辟专章讨论。

（三）穿着以整洁大方为宜

观察者的打扮应以整洁大方为宜，若因打扮出奇反致影响幼儿的表现，或因打扮不得体而影响现场老师、幼儿，或是家长的观感等，都极不适宜。

（四）注意互动礼仪

观察的实施，在自己班级内仍有赖合班教师协助；若是在班级外实施，更需要其他团体成员的帮忙方能竟其功。无论观察的情境为何，观察者需注意自己的言行态度，时时注意互动礼仪，对于后续观察实施将有所助益。

二、确保观察的专业性

专业的观察不同于日常观察，专业的观察有一定的目的，判断必须是确实、可信与有效的；即使是科学家、医师、教师、法官等不同角色者进行观察，都必须在各自专业职场中获得信息并作判断，解决专业的问题。而日常生活的一般观察往往没有明确目的，只是随机性地就其所接收的信息做出结论，对于其推论是否正确，并未再深入地探究。

专业观察则是为研究或职业需求而进行的，必须追求正确了解，或以针对假设提出解释为目的，需负起专业的责任。要达成专业观察需要搜集多方面客观的资料，针对客观的资料作缜密的分析、归纳、统整、推理、假设等思考过程，对思考结果进行判断（暂时性假设），再搜集客观事实来验证等历程。换句话说，就是"事实的接收→主观的判断"与"主观的判断→事实的接收"的重复来回的历程，直至对所接收事实的主观判断达到满意有效的解释为止（黄意舒，2003）。

因此，观察者必须自我训练再从事幼儿行为的观察活动与记录，以系统化的策略搜集情境中的信息，考虑各种可能导致观察误差的因素，经过足够次数的客观观察后，忠实地记录观察过程，尽快加以整理、分析，依据自然情境中观察所获得的可靠且丰富的资料，方能建立有价值、有效且确定的推论。

思考作业

1. 何谓"适度发展"的观察评量？
2. 试述观察与记录的基本原则。
3. 幼教老师进行幼儿观察记录时应注意哪些事项？
4. 观察者应养成哪些正确态度？
5. 观察者进入观察情境前应有哪些准备？

第三章 观察与记录的方法概述
洪福财

本章概要

第一节 从范式转变思考真实与意义

第二节 观察方法的概分——结构与非结构

第三节 常见的行为观察与记录方法

常用的观察与记录的方法为何？
观察与记录的方法内涵存在哪些差异？
如何选择适合的观察与记录的方法？

借由行为了解幼儿的发展状况，是幼教老师的专业知能要项，其中观察与记录就是前述专业知能的内涵与具体落实。鉴于幼儿行为表现的多面性与复杂性，选择适切的观察与记录方法理解幼儿的发展或行为表现，便成为幼教老师的重要议题。为能确实地掌握幼儿的发展或行为表现，观察与记录的正确性、即时性，以及完整性等，都将帮助老师或家长获得不同的理解信息，进而影响老师或家长对幼儿行为的解读。是以，选择与应用观察与记录方法的重要性实不言而喻。

本章旨在概要地介绍观察与记录的方法，对于幼教老师如何依据教保需求选择适切的方法提出建议。读者可先阅读本章获得观察与记录方法的内容以及有关选择的建议，至于各项方法的详细内容与具体实施，将在后续章节分别讨论。

第一节 从范式转变思考真实与意义

从学理发展的内涵观之，幼儿行为观察与记录的发展其实涉及实质内涵的转变，其中对于观察行为的本质假定、观察行为的选择与记录方式，乃至于诠释观察行为的方法等，均因时空发展而产生实质内涵的改变。观诸前述内涵的演变，涉及行为观察与记录所依循的根本假定与学理依据等内容，借用科学史学者库恩（T. Kuhn，1970）的理论，实已涉及"范式"（paradigm）的转变。范式包含如何指引范式内成员有意义地使用知识、信息或科学等专业用语，协助成员辨认出哪些是值得探究的问题，以及解决前述问题所需使用的方法学等；在教育学、心理学及社会学等学门领域，都曾经历学术范式的转变，影响所及，也涵括人类行为观察与记录。

回溯幼儿行为观察与记录的理论发展，早期实受到实证范式（positivist paradigm）的影响。依循着实证范式，观察者在实施观察与记录时，不仅在观察对象、内容以及解释等层面都遵循实证主义（positivism）的导引，在观察与记录方法实施的结构与内容等方面，也被期望能朝向更具系统或严谨性的方向发展。

一、客观——实证范式的核心价值

实证范式，旨在追求数量化、系统化甚至于结构化的发展，此等意涵对于学科内涵的发展也产生实质的影响。实证主义所称的自然科学方法观，是将欲观察的对象定位为既定的外在事件;在观察与记录的实施过程中,观察者被视为中立的、非参与的以及客观的专业人员,致力于减少观察对于观察对象所可能造成的影响,并且在观察与记录之前,先确定所要关切的对象或变量(Slee,1986:65)。这种以自然科学、价值中立的取向看待人类行为的研究范式,将"事实"(fact)视为"将现象一步步拆解之后加以检视的结果"(Krauss,2005)。在实证主义盛行之际,观察者致力于搜集观察对象的大量所谓客观行为表现资料,并就所得的资料进行系统汇整与理性地判读以找寻事实,甚至期待在人类行为表现寻求共通的方面,进而理出可以解释、预测甚至控制行为表现的原理原则。

自然科学方法观所指引的观察与记录,符合实证范式对于客观化、数量化,乃至中立化的发展,也使得人类行为发展的研究能在实证范式的规约下,符合"科学"的期望并系统化地开展。随着人类行为研究的发展日盛,以实证范式为导引的观察与记录内涵逐渐受到挑战,其中包含:

(一)观察者真能免除已有的学科背景与观点,中立地进行观察与记录?

(二)被观察者能无视观察的实施与影响,表现"真实"?

(三)部分(或特定)时间的观察真能形成观察行为的代表性理解?

(四)通过现象的逐步拆解,真能觅得事件的意义或真实?

(五)量化的行为结果与解释,真能呈现观察行为的全貌?

(六)免除观察者及被观察者对观察行为的看法,真能有助于趋向"真实"?

(七)教师观察班级幼儿的行为表现,是否能免于彼此的互动经验影响,理解幼儿真实的行为意义?

实证范式对于不同学科的发展都有直接影响,在幼儿行为的观察与记录领域亦然。随着对实证主义内涵的挑战与质疑日起,昔日独尊的学术发展,也受到挑战与修正。尤其在二十世纪中期以后,出现不同学科对于实证范式的内涵及其应用的反省,其中关于实证范式应用在幼儿行为研究的适切性方面,也曾历经多时的反省与讨论。影响所及,在累积渐增的研究之余,幼儿行为观察与记录也出现了与之抗衡的学术范式,甚而形成了范式转移。

二、承认主观——范式的转向

关于实证范式对人类行为客观性的假设,后续研究者开始出现不同观点,他们主张人类的实际经验无法全然地客观,纯然侧重从客观性的角度理解人类行为,反将远离行为的真实意义;对于真实世界的理解,其实是通过观察者及被观察者的互动而来，在互动的过程中，所谓的"真实"才能具体成形（Slee，1986：66）。前述观点挑战着实证范式的核心价值，研究者在针对客观性反省之际，关于主观性的讨论也随之兴起；尤其是对观察对象／行为的理解上，观察者应否深入了解观察对象对行为的看法，甚至加入自己的观点共同参与行为的理解与诠释，已有抗衡甚至取代实证范式的趋势。此等新兴范式的发展，称之为"诠释取向"（hermeneutic approach）或"解释取向"（interpretive approach）的研究。

实证范式将人类行为视为"外在的客观事实"，认为观察者的角色应中立与客观，并忽略被观察者对于理解观察行为的积极贡献等，这是诠释或解释取向研究难以接受的。对于诠释取向而言，人类行为不可能是无须经由解释的"原始资料"（brute-data），不仅观察对象的观点应列入观察内容，观察者自身的经验、知识以及价值观等，都可能影响对观察行为的诠释；便是因为如此，观察者不应以纯然客观、中立以及非参与等角色自期，前述角色的实践事实上也难以成行。

诠释或解释取向的行为研究观点，改变了昔日实证范式对于人类行为观察的假定与立场，转以重视诠释的观点来体察行为的意义。是以，参与观察（participant observation）反而是正确理解行为意义的可行方式，借由直接观察及访谈等方式，有益于趋近行为的真实意义；值得注意的是，虽然实证范式也允许采取参与观察的研究方式，但相较于诠释取向对参与观察的主张，两者在观察过程、资料搜集与检索、记录方式与内涵，甚至观察结果的信、效度的维持等层面，都有着不同的做法与观点。

三、主观与客观的反思

趋向主、客两极的各自论述，相互补充各自理解幼儿行为的缺憾，始终难以成为独尊的学术观点；无论如何，昔日一味追求纯然客观的学术发展，势将有所调整。

进行幼儿行为观察与记录时，即使针对同一个孩子，不同观察者所采取的方法不见得一致，所得的观察结果与感受也将有所差异。从实证范式观之，前述观察与记录将是对于信、效度的重大挑战；但若将关注点放到不同的观察者身上，这些观察者可能会坚持各自观察结果的有效性，甚至都将宣称各自看到的代表着幼儿行为表现的"真相"。对于相同孩子呈现出不同的观察与记录结果，观察者对于观察的技巧、观察行为的概念定义，甚至于自己进行观察时是否带着任何观点或假定等，必须反复地厘清。是以，进行幼儿行为的观察与记录，必须仰赖观察者对于相关变量进行即刻且大量的检视与反思，并在主、客观的界域中，为观察与记录的结果寻找适切的定位；但此项努力，正如科恩和斯特恩（Cohen & Stern, 1978）所述，试图将所有的观察与记录引领到可以令人接受的客观层次，是一项艰巨的工程：

教师观察的是整日与他们工作、生活在一起的孩子，想要追求绝对的客观是不可能的，更何况客观本身也是一种相对的概念。事实上，没有人会期望老师一直追求着纯然的客观，要不然到头来，他可能会成为一个对学生毫无责任感，也不想回应的成人。

如何在行为观察与记录的主、客观之间寻求适切定位，马丁（Martin, 1999：14）认为，观察与记录结果的客观性与主观性构筑出一条连续体，在绝对主观与客观的界域中，不同的观察与记录成果都将觅得一个落点。

```
客观性 ←―――――――――――――――――→ 主观性
```

图 3-1　客观性—主观性连续体

关于观察与记录结果的客观性，马丁（Martin, 1999：14）进一步提出五项看法：

（一）绝对的主、客观并不存在。
（二）所有的观察都落在主、客观的连续体之间。
（三）客观性通常是追求的目标。
（四）主观性的存有并非总是"错的"。
（五）提升观察与记录的客观程度总是基本的要务。

回归观察的本质，其实是针对人类真实的行为表现进行探究；对教师而言，对于幼儿行为的观察与记录，则是期望借由前述方法，在专业领域中理解并正确解读幼儿的行为表现，从而有助于形成幼儿的辅导或教学策略。在学术训练的框架下，教师进行幼儿行为观察与记录时，也需遵循一定程度的规范，尽力追求行为诠释的正确，努力免除偏见或主观地错置，是教师须自我警示与追求的方向。基于教师与幼儿长时间相处的特性，教师对于幼儿行为的观察与记录实难以去脉络化地抽离，但此等特性却也造就了教师深入理解幼儿行为的可能。

教师进行幼儿行为的观察与记录，目的之一在于了解幼儿的行为表现与意义，更重要地则是形成专业的判断，提供幼儿成长与学习的具体协助。正如许多心理学家相信："我们绝大部分的知识不只来自双眼所见（或无法见到的），更依赖对于所见的结果加以处理或使用。"换句话说，有能力的观察者被期望能形成一个架构或观点，依此架构或观点印证观察的结果，使专业领域或每日的生活更加地具有意义（Borich，1994：2）。了解知识范式的转变，幼教老师可以进行自我提示，让观察与记录的实施更加地迎向真实，但切莫遗忘进行幼儿行为观察与记录的原意——对幼儿的学习与成长提供实质协助。

第二节 观察方法的概分——结构与非结构

适切的观察方法能协助教师顺利地进行观察，搜集丰富的观察行为信息，并有利于对幼儿行为进行诠释或评量。是以，观察方法的选择力求"适切"，非寻求单一或独尊的特定观察方法可竟其功。

幼儿行为观察与记录的相关研究与实务已发展多年，在观察方法上也累积了不少的研究与实务经验，并依据不同的目的与特性，发展出多样的观察方法。承前节所述，综观幼儿行为观察与记录的学术发展，其实历经学术范式的转变，实质的发展内涵也随之调整，影响所及也包含着不同观察方法的出现。

在观察方法的发展方面，有依据实证范式寻求客观、中立且系统发展的"科学"方法，此等方法依循自然科学研究的步骤，在观察行为的预先分类与界定、搜集资料的策略、记录或划记方式的预定、记录结果的分析与讨论等方面，力求严谨的规划且订有循序的步骤，此等观察方法的发展侧重系统化与结构化。相对于实证范式对客观、中立且系统等特性的重视，诠释或解释取向的范式则侧重对观察行为的完整理解，观察者不仅需深入理解观察行为的意义，而且重视观察行为的连续性，力求完整地观察与记录；此等取向的观察方法不若前述方法系统化与结构化，另发展有许多非结构的观察方法。

结构式的观察方法为力求观察的客观性，通常预先定有观察记录表，对于观察主题、情境、观察行为及其分类、观察时间、观察者角色等，在记录表中均有严谨的界定。此等预先规划并订有系统实施步骤的观察方法，其优点主要有五：（黄意舒，1996：121）

一、可以先考虑观察的信度及效度，在短时间就可以有效地大量搜集可靠的资料；

二、可以使用在不同的被观察者身上，但是必须是属于同一母群（例如：同班级、同年龄等）的被观察者；

三、观察者的角色属于非参与的观察，观察时必须避免主观及复杂性，以维持客观正确的记录；

四、以量的统计方法整理资料，相对客观；

五、可以验证观察之前所提出的假设。

由于侧重于客观性的维护，此等观察方法因而受到许多限制，包含观察行为无法脱离预先规划的范围、观察行为的深入理解受到限制，以及与观察行为可能相关者无法获得适切的观察与记录等，都使得结构式的观察方法在深度理解观察行为方面相对不足，必须寻求其他的观察方法加以弥补。

非结构式的观察方法，不若前述在客观性上的坚持，观察方法的实施更具弹性与开放性等特质，有益于完整地观察与记录相关的行为，并在实施的过程中允许观察者视需要进行调整与改变。非结构式的观察方法视观察者为研究者，观察者必须随时检视方法实施的适切性，维持观察方法的信、效度，随时省思并做必要反应。此类型的观察方法主要优点有五：（黄意舒，1996：121—123）

一、能进行深入的探究，发现一直未被发现的行为意义或原因；

二、可以建立行为之"扎根理论"（grounded theory）的方法，可以说明行为现象实质的、经验的一面；

三、可以产生理论，但并不验证理论；

四、样本少，大都以参与观察为主，在互动的过程中可以帮助观察者的成长；

五、不论参与观察或非参与观察，对观察者本人来说都是智慧的考验及成长，也可省思其个人的感情层面。

由于重视观察者在实际情境中的反思与判断，强调深入理解观察行为的意义，因此拥有丰沛专业素养的观察者，便为非结构式观察方法所企盼；为使观察能顺利实施，减少个人偏见以增添观察的信、效度，观察者除需有良好的观察与记录知能外，观察过程中的理性思辨、自我反思等能力，都将不可或缺。其次，由于缺乏系统的规划，相较于结构式观察方法，此等观察方法相对耗时并需要观察者投入更多心力。最后，欲深入理解观察行为的意义，将会相对地减少可观察的行为数量，加上此等观察结果与情境有密切关联，会相对降低观察结果的可复制程度。

结构与非结构的观察方法，各有其学术发展的源流与视野，不仅累积有相当的研究与实践经验，所依循的学理内涵也获得了相当程度的论述。对于幼教老师或研究者言，选择观察方法其实与个人的学术信念有所关联；其次，面对观察方法的选择，应了解不同方法各有其优点与应用限制，如何依据观察需求与可行程度择定适切的方法，当是最重要的课题。

第三节 常见的行为观察与记录方法

对于理解幼儿的发展状况，观察其实有着"真实性评量"（authentic assessment）的优势，让观察者能通过实际行为脉络的记录与感受，深入地了解幼儿行为发展的原由与各项影响因素的介入情形。是以，在研究或教学现场应用行为观察，其主要功能可归结有五：（林惠雅，1990：5—10）

一、观察是产生假设或概念的一种方法，是发现过程的重要部分；

二、是一种回答特别问题的方法；

三、是比其他搜集资料的方法更能搜集到较为真实的行为及事件的场景；

四、能帮助我们更加地了解儿童的行为；

五、仔细地观察与记录，将有益于教师进行评定。

为期真实地掌握幼儿的行为发展状况，进而提供丰富的信息以供研究与教学改进之参考，幼教老师除了考量观察目的之性质外，也必须检视自己的能力、可取得的资源、时间的限制，以及对于被观察者的可能影响等因素，择定适切的观察与记录方法，以发挥行为观察与记录的具体成效。

本节旨在介绍常见的幼儿行为观察与记录方法。如前所述，各种观察与记录方法受到不同范式的影响，呈现不同的假定与实施方式；本节将概要地说明各种观察与记录方法的内涵与可能的优、缺点，至于各种观察与记录方法的实施内容，可参见后续专章介绍。

一、常见的行为观察与记录方法

斯利（Slee，1986：30）认为，直接观察（direct observation）是最能在短时间内了解观察对象在特定情境下表现的策略。归结相关研究与实务经验，常见的方法主要有六：个人传记（baby biographies）、轶事记录（anecdotal records）、典型行为描述（specimen descriptions）、事件取样（event sampling）、时间取样（time sampling），以及评量表（rating scale）等，兹就前述观察与记录方法概介如下：（Borich，1994：66—94；Martin，1999：118—174；Slee，1986：

30—59)

（一）个人传记

最早出现的观察形式是父母观察子女所做的日记记录。此等观察经过一段发展历程后，也出现一些朝向科学化的记录形式，在记录时间与观察行为等方面都有预先的规划。个人传记法其实有着质性研究的特性，观察者在观察过程中很容易加入自己的观点或感想，甚至对于幼儿的发展会提出一些疑问与好奇加入后续的互动中，并观察互动的结果。

在实际应用上，个人传记有助于了解观察行为随着时间的发展情形，甚至可以提供观察行为在发展过程中的任何变量细节，有助于了解幼儿行为发展的复杂程度；通过此等复杂程度的了解，有时候也能对于幼儿发展提出一些重要的假定与疑问，协助前述问题顺利解决。

在应用的缺点方面，由于是个别发展情形的记录，观察结果的普遍性将受到一定程度的限制；其次，这种形式耗时并需要持续的耐力，对于观察者而言是一项沉重的负担；再者，针对个案的观察，特别是观察者与被观察者之间存在亲密关系时，观察较难免除偏见，甚至难将观察的结果进行理性的分解与诠释。

（二）轶事记录

轶事记录与个人传记的不同之处在于，它比较不关注个别幼儿，记录焦点是普遍出现的行为与口语回应。此种观察记录偏向于叙述性方式，记录的焦点是情境里出现的重要或突发行为表现，这些行为表现可能与后续某些重要的结果有所关联；由于描述的是特定行为的表现情况，不需就观察对象所有行为进行详细的描述，故实际应用轶事记录时，观察者的敏锐度相当重要，必须在当下区辨观察行为并进行记录。

在实际应用上，轶事记录可以方便地应用在任何情境中，不需事先预定记录行为甚至订有严谨的分类界定；其次，由于轶事记录可针对特定行为进行详尽的描述，有时能有助于针对幼儿发展提出一些重要的假定与疑问，协助前述问题顺利地解决。

在应用的缺点方面，轶事记录与个人传记一样，都耗时且需要观察者拥有相当程度的耐力；其次，在重视观察者敏锐度的同时，为维持观察的信度与效度，观察者必须付出更多的心力。

（三）典型行为描述

所谓典型行为描述，是观察者针对观察对象持续出现的行为，尽可能充分地描述发生的行为样貌、发生时的情境脉络，以及行为发生时的所有参与人员等。典型行为描述主要针对发生在自然情境中的行为，观察者要避免干扰到观察对象，充分地描述观察行为及其所有的脉络因素，以利后续对行为的解释与分析。

在实际应用上，典型行为描述能提供丰富且复杂的行为记录资料，此种记录方法可不需特殊的仪器设备，呈现自然情境中的行为信息，记录的信息可以随时提供查阅，有益于短时间内形成对于观察行为的理解。

在应用的缺点方面，典型行为描述依旧是项耗时且耗费精力的观察与记录方法，且如同轶事记录一般，在建立观察与记录的信、效度方面，仍待大量的努力。

（四）事件取样

事件取样是用来分析连续行为的一种观察与记录方法，观察者在特定时间内将焦点置于特定的观察行为，就行为进行完整的描述。观察行为必须事先界定清楚，甚至于观察与记录的实施步骤也可以通过事前的系统规划，以便顺利实施。常见的事件取样可针对个案幼儿进行观察，也可以同时针对数名幼儿的事件行为进行观察与记录。

在实际应用上，事件取样必须将观察与记录的焦点置于下述面向：

1．次数

行为发生的次数。

2．期间

行为持续的时间始末。

3．因果

促发行为产生的因素。

4．严重程度

行为被认为重要或需要引发关切的程度。

事件取样在应用上能保有观察行为与情境的完整性，相较于前述观察与记录方法，其经济与便利程度更佳；随着取样方式的改变，此种方法也可以有多元的变化，更符合观察者的需求。

在应用的缺点方面，事件取样相对地缺少观察行为的描述性资料；其次，取样必须将连续的情境分成不同的个别单位；再次，此种方法需要观察者的判断介入，许多行为可能囿于观察者偏见而未列入记录；最后，所谓取样必须仰赖行为的重复出现，对于未能重复出现的行为，便无法成为取样的对象。

（五）时间取样

时间取样是在预先设定的时间范围中，观察并记录特定的行为表现。此种方法可用来观察与记录一名或多名幼儿,在时间取样的规划上,可以采取"间隔时间取样"或"随机时间取样"等不同方式,针对取样时间内的行为表现进行观察与记录。

在实际应用上,时间取样是一种有效率且省时的观察与记录方法,它能提供行为出现的数量信息,所得的记录结果拥有统计上的代表性;此外,它可以提供较长一段时间的行为检视信息,对于长期的行为产生,可以提供更充裕的信息。

在应用的缺点方面,由于时间取样最好能用在观察经常出现的行为上,对于不常出现的行为则可能予以忽略;其次,囿于取样的时间,必须将连续的行为切割成事先规划的时间单位;最后,此种方法较缺乏质性的记录结果,在缺乏脉络信息之余,观察行为可能受到错误诠释。

(六)评量表

评量表法是观察者设计一种独特的数字或描述价值的工具,以用来记录观察行为的一种方法。最简单的评量表可以使用检核表式的项目问卷,搜集观察对象在各项目的回应或表现情形;评量表也可以使用连续评定、次序评定、行为程度的选择,或是用图及表的方式呈现;更复杂的,可以制定评量表现等级或技巧熟练程度的标准,在评量的难度上显得更高。最后,这些评量的结果在经历一定的观察时间后需合计得分数,用以作为推论与分析行为的依据。

在实际应用上,设计与使用的便利性是评量表法最大的优势,观察者只需最低程度的训练便能具体实施,且同时可以用来记录多种观察行为的表现;特别适用于评量观察行为在一定时间内出现的稳定性,且能很快地提供有关观察对象的大量信息。

在应用的可能缺点方面,评量项目的效度值得关切,且表格内通常少有脉络信息,将影响关于观察行为的理解;其次,评量者通常不需严谨的训练,但解读与分析评量表的结果却需要一定的知能与素养,解读时有时也需要评量者的判断,且要找到兼具前述知能与素养的评量者有一定难度,不得不慎;再次,观察者的偏见不易察觉,前述偏见可能以不同的方式影响评量结果;最后,评量表的设计可能影响给分,评量者有避免给予极端分数的倾向等因素,都是此种方法必须克服的困难。

二、记录的形式与策略

记录形式影响记录资料的多元性与丰富性,而记录策略将影响记录资料的有效性与适切程度,两者的重要性均不容小觑。兹将记录的形式与策略分项说明如后:

(一)记录的形式

一般而言,记录形式与所采取的方法有关;另一方面,观察者在考量行为特性、观察对象的反应、记录呈现的多元性、行为解释的丰富性，以及观察者拥有的资源特性与可能限制等因素后，对于拟采取的记录形式将有所取舍。就记录形式而言，常见的有四类，兹简要地就各项记录形式的内涵及使用的优点与限制等，分项说明如后（Slee，1986：75—82）；后续各专章将另提供实例说明。

1. 检核表

检核表（checklists）在幼儿行为观察的相关研究中广获使用，教师在教学现场对于幼儿行为的观察与记录，也常见使用它。所谓的检核表法，通常是在实际观察前即预备妥的记录表格，表格内容通常包含观察行为、观察行为的类别，以及记录的时间等。此类表格主要是观察事先备妥、已考量确切的观察行为与记录方式等，记录的便利性颇佳；对于记录者言，应于进行观察前，先行了解观察行为的内涵与分类的标准，并决定适切的记录方法，以利观察与记录的实施。

在实际应用上，检核表法已有相当长的使用历史，在经验的积累方面颇为丰硕；此外，实际的观察与记录者不一定要拥有丰硕的观察经验即可应用，表格的设计容易且方便实施，倘使观察者对于电子仪器设备（如录音、录影等）的使用缺乏自信，检核表不乏是良好的选择。

在应用的缺点方面，检核表的设计同时已限制了可能观察与记录的行为数量，这对于理解观察行为的全貌，或许有着重要且关键的影响。其次，此等方式较难观察行为的连续性发展，对于理解行为形成与发展的脉络，难以提供完整的信息。再者，在记录的过程中，观察者为了立即记录，必然有部分耽搁致使无法连续地观察，在观察的信度方面将有所减损。最后，观察的行为表现若超越事先决定的观察行为与分类，常不见于检核表的记录中，但此等行为对于理解预先规划观察行为的全貌，有时也存在关键性影响。

2. 录音记录

录音记录（tape recorders）是用来搜集观察行为的连续性声音资料，有别于昔日以文字为主的记录方式。由于录音记录是真实情境的实况呈现，搜集的信息非囿于预先设定的范围，有时可提供更为丰富的信息内容，对于幼儿行为的理解常可提供更多的助益。为利于分析，录音记录的结果必须经过文字转录，由于录音内容可同时接收观察情境中的各种声音信息，虽然观察者可于事后进行转录，但文字转录的工作通常需耗费更多的时间并且需有精确的记录方式，方可还原观察行为的全貌。

在实际应用上，录音记录所需成本低廉，可以比文字记录更快速地记录观察情境的信息，且不需打断观察者对于行为的关注；在实际观察中，录音设备也可轻易地随着观察行为与情境的转变进行调整，不仅便利观察者的实施，也可确保充分地掌握所需信息。

在应用的缺点方面，承前所述，观察者耗费在转录工作上的时间相当可观，且转录的完整性也待检验；其次，由于录音情境随着观察者的选择而异，在信度方面随着观察者判断的正确性程度而有所差异；再者，许多观察者采取文字与录音记录双轨并进，如果两种渠道记录的内容有所差异，对观察的信度将有所影响。

3．事件记录

事件记录（event recorders）相较于前述形式，需要更多研究设备的协助并力求准确地计量观察行为的发生情况，其目的在于寻求观察行为发生的数量记录，并以此作为统计行为发生情形的依据。此研究法盛行于二十世纪中叶以后，典型的事件记录方式必须设有记录的设备，控制板连结着记录笔或感热针笔，控制板上的每个按钮独立地与事先规划的特定观察行为相连结，当观察行为出现时，观察者按下按钮即可让记录笔在统计表上划下记号，统计表会随着固定速率不断地移动以控制时间。当记录时间结束后，可就统计曲线的倾斜状况统计其涵盖的时间长度，得到行为次数、持续时间，以及后续的出现状况等资料，并列入总结统计表中。这种方法虽然陆续出现在幼儿行为观察的相关研究中，但就教师日常教学的适用性而言，此种记录需有设备的支持，普及性将会受到限制。

在实际应用中，事件记录能针对行为发生的某一段真实时间，提供便于统计观察行为的次数、持续时间，以及后续出现状况的方法；它能连续地记录行为发生的状况，只要观察行为出现便列入记录，不像检核表只能记录某一间隔时间的行为发生情形。

在应用的缺点方面，在幼教教学现场的应用困难已如前述，有推广与实用等层面的限制；其次，此种记录形式除耗时并需较高成本外，预先设定的观察行为数量也会受到限制，将影响有关行为全貌的理解；最后，事件记录的焦点是事件的"发生"与"结束"，对于部分观察行为或许合适，若观察者对于出现的观察行为特别感兴趣而期望进一步地追踪理解时，这种记录形式就难以满足此等需求了。

4．影像记录

随着影像与数码科技的发展，影像记录（video-tape recorders）普遍地应用在幼儿行为观察研究领域，只消索费不高的机器设备就能提供丰富且多元的资料内容，使得此种记录形式有日渐普及的趋势。影像记录普遍包含照相机与录影设备等，观察者只要择定观察对象与情境，就可以利用前述设备搜集一定范围内的影像。近年数码影像设备的快速发展，使得此种形式普遍受到重视并广泛应用。许多研究者仍习于将前述影像转译为文字资料，所需的能力与所耗时间将相当可观。

在实际应用上，此种记录形式提供多元的记录视野，让研究者可以获得多角度的信息，以形成对观察行为的理解；再者，此种记录形式保留了观察行为发生的脉络，并保留了脉络中的语言及非语言资料，所呈现的丰富信息，是前述记录形式所不及的。

在应用的缺点方面，设备能否普及且便利地获得是第一项限制。其次，应用在教学现场，幼儿对于出现在教学情境中的"新玩意儿"会感到相当好奇，洪福财（2002）的研究便曾使用录影机对大班的教学情况进行观察，与幼儿互动近半个月才让孩子渐渐遗忘置于教室中的录影设备，且后续录影记录中，可发现教师与幼儿的部分实际表现多少受到录影的影响。再者，受到录影取景的影响，所得的资料也只能为情境中的部分角落。最后，如习于将影像记录转译为文字，需耗费的时间也相当可观。

（二）记录的策略

良好的记录策略可以让观察结果更具代表性，提供充分且精确的信息，增加观察结果的有效程度。对于观察者而言，能尽可能地完全掌握或记录观察对象／行为，对于理解观察行为有莫大助益；只是，观察者或受限于时间、观察行为的数量，或可用的协助资源等因素，使得观察与记录难以连续地实施，这使行为取样便成为可考虑的方式。

关于行为记录的时间和历程，主要分成两大类：连续记录（continuous recording）和时间取样（time sampling），它们各类自有其一套独特的程序，且两种方法各有利弊（Tompson, Felce, & Symons, 2000：12—13）。

1. 连续记录

所谓连续记录，指针对观察行为进行较长时间、连续性地记录，此等记录的结果多为质性的资料，但也可以针对观察行为出现的频率或次数施以量化的划记。常见的连续记录策略有三：

（1）叙述性记录

所谓叙述性记录（narrative recording），是针对任一情境事件的文字描述，例如针对幼儿在班级里的社会互动情况、幼儿在学习角的学习表现，或是针对幼儿面对问题寻求解决的过程等，进行持续且完整的记录。此等记录策略可以辅以文字、录音甚至影像等记录形式，对于观察行为的记录最常采用"先前行为—行为—后续事件—记录"等过程记录方式，可提供观察行为较为丰富的信息。

（2）期间记录

所谓期间记录（duration recording），是指记录下每个目标事件发生期间的内容，此种方式是连续性记录的一种变形。使用期间记录的原因，主要是观察者对于目标事件已有预先规划或设定，进而将记录焦点完全置于目标事件发生的期间。例如，幼教老师希望了解不同学习区的孩子在暂时完成工作后的等待情况，或是观察孩子在社会互动历程中的自语行为等，皆可采取此种记录策略。

在记录方式上，质性的描述或量化的行为次数统计均可视情况使用；可以用文字、录音或影像等形式记录目标事件的所有历程，亦可记录观察期间内各项行为表现的次数与持续时间等，若将所有记录汇总并除以全部的观察时间，所观察的资料就可以被转换成特定行为在观察期间内所占的时间比例。前述方法都可以对观察行为提出精确并可信的测量。

（3）事件计数

所谓事件计数（event counting），就是在连续记录的过程中，记录每一个独立目标行为的表现情况，此等目标行为通常是预先规划、界定完成的，且记录者也可熟练且正确地选择目标行为并详予计数。例如：老师想知道某个孩子一天内曾出现对他人的攻击行为、某个孩子一天内的口头禅出现状况等，均可使用此记录策略。此种记录策略，可以获得观察行为的量化数据，进而统计观察行为出现的次数与比率，以作为分析与评量观察行为的依据。

2. 时间取样

所谓时间取样，有别于连续记录对整段时间过程的描述，是将观察期间分割成更小的时间间隔，并逐次记录出每一间隔时间内所定义的目标行为是否出现。例如：老师想了解幼儿出现某个口头禅的情况，可以设五分钟为时间间隔，每次记录三十秒，逐次记录每一间隔时间内幼儿的口头禅出现的情况。

关于时间取样，常见的记录策略又可分成下述三项：

（1）完整——间隔时间取样（whole-interval time sampling）

将一段时间平均分为相同的时间间隔，如果目标行为在记录的时间内完整地发生，才会列入记录。

（2）部分——间隔时间取样（partial-interval time sampling）

将一段时间平均分为相同的时间间隔，只要目标行为在记录时间内发生都可以列入记录。

（3）瞬间时间取样（momentary time sampling）

记录者必须忽略特定时间前所发生的行为，只有在特定时间的当下，才记录目标行为的出现或消失状况。

三、选择观察与记录方法的建议

观察其实存在于日常生活中，只是对研究者或幼教老师而言，观察的目的是发现或了解观察对象/行为，进而对行为辅导或问题解决提出判断与建议；也肇因于前述专业目的，研究者或幼教老师在选择与应用观察与记录方法时，必须更审慎。

对于幼教老师而言，观察与记录能协助教师进一步理解幼儿，故观察与记录的实施不一定意在判别幼儿行为的优、缺点。是以，急促地带着某种价值评断进入观察与记录的现场，教师容易衍生不必要的期望或非理性判断，进而影响观察与记录的适切性与有效性。尤其在自然观察中，这种价值判断显得更不适切。在许多幼教实务现场可以发现，教师容易将观察的焦点放在孩子不能表达的部分，反而忽略孩子已经表现，甚至表现良好的技巧，不仅对幼儿表现形成相对负面的评价，影响所及，教学也着重在不足能力的补强，反而不能让幼儿力所能及地去建构技巧，观察与记录的结果对教师教学的影响不可谓不大。

因此，选择适切的观察与记录方法，不仅能协助幼教老师理解幼儿行为或了解相关问题的发展情况，最重要的是期望观察与记录的成果对教学与幼儿学习产生更多正面的帮助。在选择观察与记录之前，马丁（Martin，1999：17）曾提出六个问题，建议老师应厘清这些问题，除可澄清实施观察与记录的意义与目的外，也可对实际选择观察与记录的方法逐渐引出清晰的路径。兹将前述问题及其意涵分述如下：

（一）自己将扮演非参与的角色，还是必须对受观察的孩子负责？

幼教老师并不容易独立于教学现场进行观察与记录；只是，在实施观察与记录时，如何同时进行教学与观察，与同侪老师之间又将如何分工，如何厘清孩子的表现行为与教学间的关联性，等等，都亟待省思。

（二）是否已具备充分技巧可进行详细的文字描述？

对于许多幼教老师而言，口语表达的能力胜于文字运用的能力，且在口语表达转化至文字描述的过程中，尚缺乏适切的训练。许多老师会有前述特质，其实与他们每天必须即时处理大量且多元的信息有关，口语表达由此成为经常可用的技巧。但对于观察与记录而言，文字依旧是不可免除的形式之一，尤其是书写文字过程中的反思，对于观察者而言，是另一道检视观察与记录适切性的关卡。是以，积极地培养口语表达、转化与文字描述等技巧，有其积极的意义与价值。

（三）为何要进行观察？我想观察什么？

厘清观察与记录的目的与对象，对选择观察与记录方法有所帮助。有些老师想进行观察的缘由，可能是源于对某一孩子的优秀表现感到好奇，却无法提出适切的证据印证前述孩子的优秀表现，在选择观察与记录的方法时，可以考虑选择能连续性观察与描述该名幼儿行为表现的方法。倘使很明确地了解要观察的是孩子的攻击行为，在能适切界定攻击行为的前提下，则可以考虑采用量化或质性的观察与记录方法。

（四）观察目的是增进自己的技巧，或是想对孩子产生直接的帮助？

对幼教老师而言，进行观察与记录的目的相当多元，部分囿于职前培育阶段未能就各项观察与记录的方法逐一实践，使得老师在教学现场仍需逐步尝试、培养相关的知识与技能，并累积实务经验。鉴于前述，老师积极强化相关的知能表现也是一种专业伦理的体现，但须借由反思与自我觉察等方式，澄清实施观察与记录的真实目的。

（五）是否希望能得到多元方法所搜集的信息？自己是否有能力做出适切的选择？

在选择观察与记录方法时，确认能力所及是幼教老师的重要任务。许多老师为强化观察与记录的有效性，亟思采取多元的形式为之，以期能达成信息搜集的最大化，提供判断观察行为的丰富信息；只是，老师在观察与记录之余，如何同时扮演好教学与辅导等角色，同侪教师的互动与默契如何，可用的资源与协助是否充分，自己是否有能力在观察之后将大量信息逐一转化为文字，等等，都必须逐一澄清。

（六）是否已经发展出归纳、解读所搜集之观察资料的相关策略？

观察与记录的最终目的，其实是解读前述结果以协助对观察对象／行为的理解，而分析与解读观察与记录资料的能力，则是老师必须加以考量的。例如：对于长时间连续记录策略所得的信息，自己能否养成文字敏锐度，从大量的文字信息中逐一归纳、解读各项行为的意义与发展；采取量化记录策略者，是否具备相当程度以执行统计运算，并能正确地解读数字意义等，都是教师在选择观察与记录方法前，应予澄清的问题。

思考作业

1. 何谓范式？观察与记录在范式的发展上，有何转变？
2. 何谓结构取向的观察方法？有何优缺点？
3. 何谓非结构取向的观察方法？有何优缺点？
4. 常见的行为观察与记录方法有哪些？其特性为何？
5. 请就你对行为观察与记录方法的了解，选出你最喜欢／认同的两种方法，说明其适用时机、优点，以及可能的实施限制等。
6. 对幼教老师言，选择观察与记录的方法时必须考量哪些问题？请说明你的理由。

第四章　时间取样

邱琼慧

本章概要

第一节　方法概述

第二节　观察与记录

第三节　示例探讨

第四节　分析评量

什么是时间取样？

时间取样怎么记录？

什么时候要用时间取样来记录所观察到的幼儿行为呢？

开始使用时间取样前，我需要做什么准备吗？

时间取样有没有一定的格式或表格呢？我可以自行设计吗？

本章将分为四个小节来探讨时间取样法。首先是"方法概述"，探讨时间取样的方法本身；其次是"观察与记录"，探讨观察程序和记录时点；再次为"示例探讨"，以示例说明方法的实际应用；最后是"分析评量"，探讨资料的诠释与分析。

第一节　方法概述

一、何谓时间取样

时间取样指在事先设定的时间间隔内观察目标行为，并记录目标行为的出现次数，借以了解行为模式（pattern）的一种方法。时间取样通常适用于观察较常出现或出现频率较高的行为，可以用来观察一个或一个以上幼儿的行为表现。以时间取样法观察和记录幼儿的行为表现所得到的资料是属于量化的资料，方便统计幼儿该目标行为出现的次数或频率，利于进一步分析解释。

使用时间取样时，观察者必须事前先将目标行为进行分类，同时清楚明确地定义各行为类别，亦即行为类别的操作性定义。清楚明确的行为定义，可以让不同的观察者使用同一个行为标准来进行观察，以提高观察的信度与效度；同时，让阅读资料的人能以同一个行为标准来解释和分析资料。

以时间取样来观察和记录目标行为时，除了在观察前必须先进行行为的分类和定义外，同时必须考量如何实施时间取样。时间取样的实施方式可概略类分为二：其一为规律性的时间取样，其二为随机性的时间取样。有关两者的实施方式，兹分述如下：

（一）规律性的时间取样

规律性的时间取样，是指在事先设定的固定时间间隔内观察目标行为。例如：每次以观察三十秒、记录三十秒的时间间隔方式进行观察，一天之内观察目标行为的数次相同，可持续连续的数天到数周不等。

（二）随机性的时间取样

随机性的时间取样，是指随机地选取观察时段，并以相同时间观察目标行为。例如：在一小时内，随机选取任何一分钟观察目标行为，一天内观察数次不等，连续观察目标行为一周或数周。

时间取样必须在观察前拟订计划后再付诸实际观察。虽然于事前花费较多的时间和精神在准备工作上，包括拟订观察计划、界定行为的操作性定义、设定观察时距和观察期程，以及制作观察量表等，一旦付诸实际观察，便可迅速地搜集到资料，在资料搜集上节省较多的时间。

二、时间取样的特性

斯利（Slee，1987：46—47）提出，以时间取样观察法来观察目标行为，可以搜集到下列三种目标行为的相关资料：

（一）频率（frequency）；
（二）同时发生的行为（concurrence）；
（三）续发的行为（sequencing）。

关于时间取样法的特性主要有三，兹说明如下：

（一）属结构化的观察法

于观察前拟订详细的观察计划，订有清晰的观察程序和工具用于观察和记录目标行为，获得的观察结果可具有较佳的信度和效度。

（二）节省资料搜集的时间

使用事前设计的观察量表，方便于记录时依据明确定义的行为类别进行观察，迅速且客观地记录目标行为，节省资料搜集的时间。

（三）可获得具代表性的行为样本

依据观察目的和主题设定观察时间的长短，可得到具代表性的行为样本，且足以回应观察目的和便于提供回答观察问题的信息与资料。

三、适用时机

关于时间取样的适用时机主要有二，兹说明如下：

（一）具有容易视为相同类别的行为

当观察对象的行为表现出现易于视为相同类别（readily indentifiable）的行为时，只要先就各行为类别进行适切定义，使用时间取样法便可方便且具效率地加以观察和记录。

（二）观察行为出现频繁

当观察对象的行为表现相当频繁时，时间取样法可有效率地用于观察与记录，快速获得相关信息。

马丁（1999）曾提出使用时间取样的原因，主要可以归纳为下列八点：

1．为了在有限的时间内，观察多位幼儿的行为表现。幼教老师在每日繁忙的教学活动之余，需对班级内的幼儿有全面的了解与认识，以便能进一步地为每位幼儿提供最适切的协助，同时，观察的结果是与家长沟通的重要信息。

2．统计单一幼儿特殊行为出现的次数或频率，以作为进一步辅导的参考依据。

3．清楚定义行为，在有限时间内可以搜集到具有代表性的样本。

4．能够快速掌握幼儿外显行为的特性，加以分类，以便进一步地分析解释。

5．借由时间取样法观察所得的量化资料，便于统计与分析行为。

6．针对幼儿的单一行为可以进行多次的观察，以得到客观且具代表性的行为资料。

7．便于事先设计行为观察量表，有益于观察时迅速记录行为的类别。

8．针对发生频率较高的行为进行观察，于较短的时距内取得行为资料。

在观察与记录的实务中，幼教老师可能针对一名或同时针对多名幼儿的行为进行观察，只要规划得宜，时间取样法往往可以成为搜集幼儿行为信息的实用方法。以下就观察特定幼儿与同时观察多名幼儿等不同情况，说明时间取样的具体示例。

1．观察特定幼儿

利用时间取样来观察特定的幼儿，可以用来观察幼儿的专心度、从事某一活动的持续情况，以及角落活动的变化情形等。随着时间的推移来观察幼儿行为的发展情况，就可看出幼儿活动的变化。兹以幼儿园老师为了解新进幼儿的学习与适应情形为例，说明时间取样法的设计如下：

【观察设计例一】

一、观察动机：新学期开始，班级中出现一位新进幼儿，经常无法静下心来参与活动，不论是团体或分组活动都是如此。

二、观察目的：为了向该幼儿提供适切的协助方式以及寻求家长在家辅导协助。

三、观察主题：观察和记录幼儿是否于活动时间内能听从教师的指示，从事活动。

四、观察方法：时间取样法。

五、观察时间：观察该幼儿在班级内的行为表现，以观察时距三十秒的时间间隔对该幼儿进行观察与记录。

六、预期收获：（一）了解幼儿在学习活动上的表现情形；
（二）了解幼儿的学习兴趣或偏爱的活动；
（三）有助于了解该幼儿变换活动的情形。

2．观察多名幼儿

为了解幼儿的学习状况，幼教老师必须以观察的方法来记录和评量幼儿的学习状况。但同时由于时间上的限制，教师必须于有限的时间内观察每名幼儿的学习状况，然后视观察后的资料分析结果，再针对有特殊状况的幼儿进行某些特定行为的观察。为了要观察到班级内的每一名幼儿，幼教老师必须设计观察时间，以便于在观察时间内能观察和记录每一名幼儿的学习状况。

兹以幼儿之间的互动情形为例，说明时间取样法应用在观察多名幼儿的设计如下：

【观察设计例二】

一、观察动机：新学期开始不久，不论是新生或老生在教室空间内都显得躁动不安，用餐时间行为规范不佳且挑食。

二、观察目的：了解班级内每一名幼儿的饮食习惯。

三、观察主题：观察和记录幼儿用餐时，是否安静地坐在自己的位子上，是否能将食物吃完。

四、观察方法：时间取样法。

五、观察时间：于每日的午餐及点心时间，以观察时距三十秒的时间间隔每日观察五名幼儿。

六、预期收获：（一）了解幼儿的用餐行为；
（二）了解幼儿于用餐时间，除用餐行为外，尚有何种行为表现。

四、时间取样的优点

关于时间取样的优点主要有七，兹说明如下：

（一）节省资料搜集时间；

（二）是有效搜集资料的方法；

（三）可获得具代表性的行为样本；

（四）观察前明确定义行为，提高取得资料的信度；

（五）可以同时观察多个样本；

（六）针对单一幼儿的特定行为可进行多次的观察；

（七）有助于观察和记录发生频率高的行为。

五、时间取样的缺点

关于时间取样的缺点主要有四，兹说明如下：

（一）观察准备工作耗费较多的时间和精力；

（二）通过观察所得的记录资料，仅能获得各类行为发生的次数或频率，无法了解行为发生的整个过程；

（三）只能观察到目标幼儿的外显行为，无法了解行为发生的背后原因及因果关系；

（四）不适用于观察发生频率低的行为。

时间取样虽有多项优点，但使用时亦有限制或缺点，使用前宜先评估观察对象或行为等特性，再行适当判断。关于时间取样的具体实施程序，将于下节说明。

第二节　观察与记录

兹就时间取样的具体观察与记录等实施内容，说明如下：

一、观察程序

观察者在进行观察前，必须依据观察程序逐步进行，始能得到可信有效的资料。观察程序可分为事前计划、观察过程和事后分析（评量）三大阶段，前述三大阶段可再细分为几个小步骤：

在事前计划阶段，观察者必须于观察前完成以下工作，包括：（一）描述观察目的；（二）订定观察主题；（三）选择观察对象；（四）区分行为类别；（五）界定行为定义；（六）设定观察时间；（七）制作观察量表。

观察过程阶段是正式进入现场直接观察，需完成的工作包括：（一）仔细观察；（二）客观记录。

事后分析（评量）阶段则是观察记录资料的整理分析与解释评量，工作包括：（一）整理分析；（二）解释评量；（三）资料呈现。

兹将前述观察程序之内容整理如表4-1。

表4-1 观察程序表

观察阶段	观察步骤	说　　明	备　　注
1．计划	1-1　描述观察目的		
	1-2　订定观察主题		
	1-3　选择观察对象		
	1-4　区分行为类别		
	1-5　界定行为定义		
	1-6　设定观察时间		
	1-7　制作观察量表		
2．过程	2-1　仔细观察		
	2-2　客观记录		
3．分析评量	3-1　整理分析		
	3-2　解释评量		
	3-3　资料呈现	3-3-1　纳入学习档案 3-3-2　亲师沟通资料 3-3-3　撰写研究报告	

兹再就前述各项步骤的实施内容与方式等分述如下：

（一）描述观察目的

即对于"为什么要观察"加以回应。观察目的有别于具体的观察目标，必须以较为广泛的发展范畴来涵盖所要观察的目标行为。例如：要观察幼儿的打人、咬人、踢人、骂人等行为，可将"攻击行为"作为较高层次的行为发展范畴；又若要观察幼儿的攻击、违反规定、发脾气等行为，可将"反社会行为"作为较高层次的行为发展范畴。

无论是观察者或教师都会对身边的事物或班级内的幼儿产生各种疑问，寻求解决方案或策略时，就会产生动机，因动机而产生了观察目的。观察是回应观察目的的重要作为，借由观察以达到问题的解答。

在实施观察研究之前，观察者通常会将观察动机及目的等加以描述。关于具体描述的方式，举例言之，若教师发觉学期初的用餐情形不佳，观察动机可描述如下：

新学期开始不久，不论是新生或老生在教室空间内都显得躁动不安，用餐时行为规范不佳且挑食。

基于种种进行观察的动机，观察者必须进一步地描述观察目的，援前例，描述方式如下：了解影响幼儿用餐秩序的原因，研拟改善幼儿用餐秩序的具体策略等。

（二）订定观察主题

观察主题乃是观察时的聚焦，也就是所谓的"焦点"，亦即"要观察什么行为"或观察"哪些特定的行为"。观察主题指引着观察者将目标行为聚焦，清楚地了解自己的观察方向。观察主题的订定原则是，宜选择较低层次的行为作为观察的主题，亦即，具体地聚焦于欲观察的行为本身。

例如：倘若观察旨在了解幼儿的攻击行为，可进一步地将焦点置于幼儿攻击行为中的某一种行为，如"打人"、"咬人"、"踢人"或"骂人"；若最后确定幼儿"打人"的行为是最主要的观察目的，即可据以形成观察主题，并规划后续的观察程序与记录方式等。

（三）选择观察对象

观察对象的选择必须以能获得目标行为的代表性样本为主要考量。以观察幼儿为例，必须依据幼儿的发展理论来选择足以提供目标行为的代表性样本或足以提供问题解答的适切年龄层幼儿。若要观察幼儿合作的社会行为，则观察对象以选择四岁以上的幼儿为宜，这样较能得到样本的行为模式。此等对选择观察对象的敏感度，教师平日宜逐渐养成，对于选择合适的观察主题亦有帮助。

（四）区分行为类别

观察者在清楚地了解为什么要观察（观察目的），以及所要观察的行为为何之后，要进一步将观察行为聚焦。观察者必须将仍嫌抽象的行为转换成具体明确、经由观察可直接判断的行为类别。

以下就行为分类依据的标准、类别数量的限制、分类的建议等分项进行探讨：

1. 分类依据的标准

在对行为进行分类时必须考量行为间的互斥性，亦即各行为类别间彼此没有关联且各自独立，同时各行为类别间没有重叠互斥的情况。换言之，在进行观察时，幼儿的行为表现一次仅能划记于一种行为类别内，同一行为表现不应同时在两种行为类别内划记。

2. 类别数量的限制

行为类别的分类不宜过细、过多，过少或太笼统亦不利于未来的分析。过细、过多的行为类别造成观察者于观察时记录的困难和时间的耗费；过少或太笼统的行为类别，则无法有效地搜集到行为样本的信息。行为类别的数目必须恰如其分，过多、过少皆不宜。关于合适的行为类别数量，观察者除考量观察目的与行为特性外，平时可多参阅相关研究加以揣摩。

3. 分类的建议

在进行行为的分类时，观察者可依下列方式来进行分类：依照理论，或依实际观察需求修改既有理论，或依照观察目的所需自订等。兹就行为分类的方式说明如后：

（1）依据相关理论

观察者参照所欲观察目标行为的相关理论，并依据理论中的行为范畴进行分类。

（2）修改相关理论

参照相关理论的行为类别和实际观察需求之后，加以修改沿用。若观察者对修改结果存有疑义，可寻求专家或同侪教师意见以提高效度。

（3）依观察目的自订

观察者依据观察目的和观察主题自行设计。观察者可先观察目标行为数次，借以归纳统整目标行为的类别。对于汇整的结果，同样可寻求专家或同侪教师建议。

关于分类行为类别，兹列举说明如下：

例如：幼教老师欲观察幼儿的游戏行为以窥得幼儿的发展与学习现况，进而提供必要的协助。幼教老师在针对班级幼儿的社会游戏行为进行观察和记录时，必须先对欲观察的幼儿社会游戏行为进行分类，如分为游戏行为或非游戏行为、无所事事或单独游戏等类别。若要了解幼儿的合作行为，则必须界定合作行为的范畴，亦即何种行为属于合作行为，随后必须针对合作行为进行次行为分类。

再以幼教老师经常观察的幼儿游戏行为为例，帕滕（Parten，1932）和豪斯（Howes，1980）分别将幼儿的社会游戏行为分为六类和五类，兹概述如下：

帕滕观察幼儿在游戏中的社会参与情形，将幼儿的社会游戏行为分为六类：

（1）无所事事行为（unoccupied）；

（2）旁观者行为（onlooker）；

（3）单独游戏（solitary independent play）；

（4）平行游戏（parallel activity）；

（5）联合游戏（associative play）；

（6）合作游戏（cooperative play）。

豪斯修改自帕滕的理论，将幼儿的社会游戏分为五大类：

（1）平行游戏（parallel play）；

（2）相互关注的平行游戏（parallel play with mutual regard）；

（3）单一社会互换（simple social exchange）；

（4）互补游戏（complementary play）；

（5）互补及互惠性的社会游戏（reciprocal complementary social play）。

观察者可以择取帕滕或豪斯所提的行为分类，作为观察依据。

在观察者对观察行为进行适切分类后，接下来便是提供分类行为适切的界定及说明，以利后续观察的实施。

（五）界定行为定义

在将所要观察的行为依据理论或自行修改分类后，观察者必须界定各行为类别的操作性定义。例如：以合作行为为例，所谓的合作行为之操作性定义乃指，能与他人共同完成作品、能主动协助他人、能接受他人的学习等。此等定义便显得清晰且易执行。

所谓的操作性定义，乃是观察者依据观察目的所需，将行为类别严谨地定义。例如：若幼教老师欲观察班级内幼儿的攻击行为，则这位幼教老师必须在观察前预先规范攻击行为的范畴以及范畴内所包含的行为类别之具体意义，将各项内容以具体、可操作方式加以呈现，此即为攻击行为的操作性定义。简言之，以攻击行为为中心点，然后向外延伸划一个圆，圆内的行为即为在这份观察计划中攻击行为的操作性定义。

举例而言，依辞典的解释，攻击乃是"以武力、语言或文字对人施加伤害"。如此一来，观察者所要观察的目标行为究竟是武力的攻击行为，还是语言辱骂的攻击行为？若观察者于开始观察前便界定以武力的攻击行为为观察目标，则观察对象若出现语言攻击行为，则不在观察范围内。又若只界定幼儿的武力攻击行为为观察目标的话，似乎又太过笼统，范围也太大了。

以幼儿的攻击行为而言，种类亦非常多样，因此建议观察者可于正式观察开始前，先观察班内幼儿的攻击行为大致有哪些种类，然后再加以分类，最后选出出现频率最高的攻击行为当作观察目标。例如：班级内幼儿与他人擦身而过时，会出现以手轻摸他人屁股，或以手肘碰撞他人、以手打人、用脚踢人等各式各样的攻击行为。但如此多样的行为是否都必须列入观察目标呢？观察者必须考量当时的观察情境以及自身的能力和有限的时间等问题，对目标行为的范畴有所界定和选择。在观察者界定目标行为的操作性定义之后，即清楚明确地说明所要观察的行为，将前述要旨转化，以"本观察所指的攻击行为是，以手打人、用脚踢人等攻击行为，由于观察时间与人力的限制，幼儿若出现上述二种以外的攻击行为则不特别进行观察与记录"的叙述方式描述目标行为的操作性定义。订定行为的操作性定义，其目的有三：

其一，让观察者清楚地了解该行为的意义，以便在观察时能正确且迅速地判断行为类别，并在事先设计好的观察表格中划记。

其次，让所有使用该观察表格的观察者，能清楚明白观察表格中行为类别的个别操作性定义，借以达到不同观察者之间皆能依循同一准则对幼儿进行观察，进而获致相同的观察解释，如此也得以达到观察表格的信度和效度。

最后，幼教老师利用观察表格与家长沟通时，也能让家长在同一个准则下解释幼儿的行为表现，了解幼儿现阶段的发展。

了解界定目标行为操作性定义的重要性之后，再以前面所提的帕滕社会游戏行为类别为例，进一步地界定其操作性定义如下：

1. 无所事事行为（unoccupied）

    看着别人玩但不加入，东张西望。

2. 旁观者行为（onlooker）

    看着别人玩，和别人说话，或问问题。

3. 单独游戏（solitary independent play）

    独自一人玩。

4. 平行游戏（parallel activity）

    和身旁的幼儿玩着一样的游戏，也不会想去影响或干预他人。

5. 联合游戏（associative play）

    团体中，幼儿们玩着类似的游戏，但是没有定义特别的角色或目标。

6. 合作游戏（cooperative play）

    幼儿们一起为完成某项作品或目标共同努力，如办家家酒或团体游戏。

（六）设定观察时间

观察时间的设定必须依照观察目的和观察主题而定，且有所不同（Carole Sharman, Wendy Cross, & Diana Vennis, 2000：49）。观察时间包括了观察时距（interval；多久观察一次）、观察次数或频率（frequency；单位时间内观察几次）、观察期程（length；观察多久）。以下分述其意涵：

1. 观察时距（the interval of the observations）

观察时距乃指，每次观察的时间间隔。若以观察时距为一分钟而言，其中包含了二十秒观察、四十秒记录，或是三十秒观察、三十秒记录等不同的时距设定方式。

设计观察时距是为了在固定的时间间隔内观察和记录样本的代表性行为，以提高观察资料的信度。例如：以观察单一幼儿的情绪表现而言，幼教老师可设定一分钟的时距（四十秒观察，二十秒记录），连续观察幼儿二十分钟，则可获得二十个情绪表现的观察资料。又如：以观察班级内三十名幼儿的社会互动行为为例，幼教老师可设定三十秒的时距（二十秒观察，十秒记录），依序观察一号、二号、三号幼儿……至三十号幼儿。待所有的幼儿皆已观察一次之后，再进行第二轮的观察，此时观察的顺序将为从二号、三号……至三十号、一号幼儿。

时距长短将关系到行为类别的判断和观察的结果。例如：虽然长时距足以让观察者有足够的时间可以判断行为的类别和在观察量表中划记，但较长时距的设定，却有在时距内出现两种以上行为类别的可能。反之，短时距的设定却也会造成对观察目标产生过度膨胀的结果，以至于观察资料的可信和有效程度受到质疑。如此，过长或过短的时距设定皆会影响观察的结果，使得资料搜集的信度和效度受到挑战。

2. 观察频率 (the frequency of the observations)

针对观察的焦点，亦即所欲观察的行为，订定观察的频率；如每三十秒、每一分钟，或每二分钟于观察表中划记一次。例如：观察者每次观察一名幼儿，以观察十五秒、记录五秒、共二十秒为一个观察时距，则每一分钟可划记三次行为。

一般说来，一个行为的出现以观察二十至三十次最为适切，观察二十至三十次之后，约略可了解该行为的模式，借以推论分析，进而提出辅导策略。

3. 观察期程 (the length of the observation period)

观察期程是由几段观察时距所构成的一段较长的观察时间。例如：观察时距为二分钟（观察一分钟，记录一分钟），由十个观察时距构成一个为期二十分钟的观察期程；或者可将三小时的观察期程，分割为几个观察时距。

在订定观察频率之后，观察者必须决定要针对观察的焦点，或所欲观察行为的观察时间。例如：每次观察目标幼儿二分钟，若以观察时距三十秒（二十秒观察，十秒记录）来计算的话，则每次观察目标幼儿二分钟可划记四次，观察到四次目标行为；同时设定观察目标幼儿的观察期程，如一星期或一个月。举例而言，若要观察目标幼儿的社会互动行为，则可设计观察目标幼儿在角落活动时间内的行为表现，目前园里安排的角落时间大约为四十分钟左右。若将观察期程设定为一星期，观察时距为一分钟（三十秒观察，三十秒记录），幼教老师在每日的角落活动时间可观察到目标幼儿四十次的社会互动行为，并划记于事先设计好的观察量表中，以便于统计行为发生的次数和进一步的分析解释。

至于观察期程的长短，要视幼教老师所欲观察的幼儿行为而定。例如：若要观察幼儿攻击行为的发生次数和频率，则必须设定较长的观察期程来进行直接观察，以便收到更具信度的观察资料。

若是在短时间的观察期程内观察幼儿的攻击行为，或许目标幼儿真的发生类似攻击性的行为，但却不是常态性的行为表现，可能只是因为观察当日的情绪影响而产生了单一的攻击性行为，所以过短的观察期程，观察幼儿的攻击行为可能无法确实判定该行为是否为该幼儿的一般性行为，抑或只是偶发性的行为。

（七）制作观察量表

观察量表的设计必须力求明确化、结构化和易于操作。使用观察表格乃是为了避免观察者于观察时产生偏见或过于主观，以至于对观察结果的记录或评量产生偏颇，导致晕轮效应的产生。时间取样的观察量表因观察者的实际所需以及每个人的使用习惯而有所不同，观察者必须依据观察目的和实际需求设计符合观察设计的观察量表。因此，观察者必须具有设计适切观察量表的技巧与能力。

国外学者常以时间取样法来观察幼儿的社会行为，且已发展出如时间取样的社会游戏行为观察量表，如帕滕／皮亚杰游戏行为量表、豪斯的同侪游戏观察量表、斯密兰斯基（Smilansky）社会戏剧游戏观察表等。前述三项观察量表乃是各研究者针对某项研究所设计的观察量表，并不能适用于所有的观察情境和行为。观察者宜依据实际的观察情境和观察目的设计观察量表，才能搜集到可信和有效的观察记录资料，得到问题的解答。唯有观察者依据自己的观察目的设计观察量表并进行观察和资料搜集，才能让观察成效事半功倍。

观察者或教师在设计时间取样的观察量表时，必须再次检视观察目的与观察主题，考量自己的时间、能力和需求设计表格。以下列出几项设计观察量表时必须考量的要素：

1．观察目的

要搜集什么观察记录资料来解答问题。

2．观察行为

清楚明确界定各行为类别。

3．观察时间

包含观察时距、观察次数或频率、观察期程。

4．观察对象

一名或多名观察对象。

兹以观察幼儿的"不专注行为"为例，将其所设计的观察量表说明如下：

一、观察目的：了解家豪的不专注行为之原因，提供协助。

二、观察行为（主题）：家豪的不专注行为。再依就座情形将不专注行为分就座和离座，就座时又可分为东张西望或从事不相干活动。因此，行为类别的分类如下：

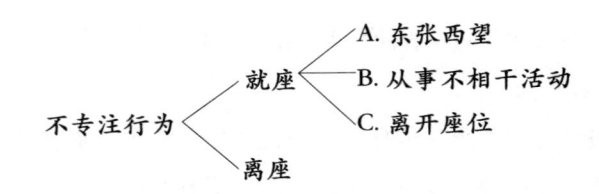

```
                    ┌─ 就座 ─┬─ A. 东张西望
不专注行为 ─┤         ├─ B. 从事不相干活动
                    │         └─ C. 离开座位
                    └─ 离座
```

三、观察时间：（一）观察期程：一个月。

（二）观察时距：二十秒（观察十五秒，记录五秒）。

（三）观察次数：每天于主题活动时间观察幼儿四十次行为。

四、观察对象：家豪，四岁八个月。

表4-2 幼儿不专注行为观察量表

幼儿姓名：_____　　　　　　　　　　　　　　　　　　　日期：_____

观察者：_____

编号	幼儿姓名	10:00:20	10:00:40	10:01:00	10:01:20	10:01:40	10:02:00	10:02:20	10:02:40	（表格向右延续至观察结束时间）→→→→	10:39:20	10:39:40	10:40:00	次数统计	备注
1															
2															
3															
4															
5															
6															
7															
8															
9															
↓（表格向下延续至编号30）↓
25										→→→→					
26															
27															
28															
29															
30															

以观察幼儿的"不专注行为"的类别而言，可再细分为单一行为或一个以上行为两类，各类参照表格如下：

1．观察单一行为类别，参照表4-3。

2．观察一个以上行为类别，参照表4-4、表4-5、表4-6。

在设计表格时须注意的几个事项：

表4-2是根据前述帕滕（1932）的幼儿游戏行为分类所制的观察量表；将帕滕的六种行为类别再加以归纳，得出两个上位行为类别，将帕滕的前三种行为类别——无所事事行为、旁观者行为、单独游戏，再次归类为非社会行为，其余的三种行为类别——平行游戏、联合游戏、合作游戏，归类为社会行为，时间栏内的数字1—20代表观察时距。所绘制的观察量表即如表4-2所示。

参考表格：表4-3、表4-4、表4-5、表4-6。

二、观察情境

观察者必须依据观察目的和主题，选择观察对象和观察情境。所谓的观察情境包含观察地点和观察时的人事地物等相关情境的描述。兹将观察情境的描述列举说明如下：

【情境描述范例一】

主题活动时间内的分组活动，幼儿自行选择想参与的小组活动，发挥创意制作主题相关作品，将幼儿内在想法借由作品具体化，从而丰富主题之情境布置。

【情境描述范例二】

幼儿园每日的自由游戏时间，老师开放各学习角落让幼儿于其中自由活动，或是自由选择活动空间任意与其他幼儿互动或游戏。

三、观察者的角色

观察者角色，一般可分为参与和观察等不同角色。其中又可依观察者参与观察活动的参与度高低分为四类：完全参与者、完全观察者、参与者观察、观察者参与。幼教老师因为指导教学活动和同时与幼儿互动的关系，多是以参与者观察的角色来进行观察工作。

四、观察工具

观察工作旨在协助观察顺利实施。关于时间取样必须准备的观察工具，兹列举如下：

（一）计时器

时间取样必须严谨地设定观察时间，以便取得精确的观察资料，因此精准的时间间隔，能够提高行为样本的可信度。所以观察者在观察时必须准备计时器或码表，精确地提示观察者每次的时间间隔。

（二）观察量表

观察者必须于观察前依据观察目的设计观察量表，方便观察者于观察时迅速且确实地依据该行为的类别，将其记录于观察量表中的适当栏位。

五、记录时点

时间取样的观察记录时点，其实是靠观察者在观察现场即时记录目标行为。事后的记录，恐因脱离观察现场而无法确实地记录到出现的每一个目标行为，从而遗漏了出现的部分目标行为。

观察者采用时间取样来进行观察时，必须置身于观察现场且当场于事先制作的观察表格中记录出现目标行为的类别。例如：幼教老师在观察幼儿的攻击行为时，若幼儿出现攻击行为必须现场即时记录；若于事后再记录的话，恐会有漏记目标行为之虞，观察者应尽量避免。

六、记录方式

关于时间取样的记录方式，依据记录的时距间隔或取样方式等差异，可简要分为下列三项：

（一）时距取样

时距取样的记录方式乃是指在观察前设定的观察时距内完成记录，亦即在观察时距内出现目标行为就予以记录；重点在记录目标行为出现的次数，不论目标行为出现的持续时间。

一般而言，时距取样为较具系统、结构式的记录方式，观察者在规范的记录时间和量表上，记录下感兴趣的观察行为。具体言之，此等结构性时间取样，观察者在设定观察时距时，将观察所需的时间以及记录所需的时间含括在内，如观察时距设定为三十秒时，则包括了二十秒观察，十秒记录。亦即在两段观察时间内暂停观察数秒以便于立即在观察量表内划记。

时距取样通常在观察前事先将观察行为分类和定义，然后根据所定义的行为类别设计观察量表，观察时间内只要有行为表现就必须当场在观察量表内划记。通常不需要用文字描述目标行为，直接以划记形式或用符号记录于事先设计好的观察量表中，可节省记录的时间和人力。

（二）瞬间时间取样

瞬间时间取样的记录方式和时距取样的记录方式大致相同，唯一的不同点在于，瞬间时间取样是**在观察时距结束（the end of the interval time）的那一刻才记录目标行为出现的有无**。例如：观察时距为六十秒时，观察者只在观察时间第六十秒才记录目标行为出现的有无。

（三）固定时间间隔取样

固定时间间隔取样的记录方式是，以如以每次观察五分钟、十分钟或二十分钟不等的固定时间间隔方式，记录在时间间隔内目标行为出现的有无和次数。例如：研究者规划每次观察目标行为二十分钟，一天观察数次或每天观察一次，记录观察时间内目标行为的出现情形。

七、记录或记录表格要素

在结构性较强的观察与记录方法中，方法或记录表格等的事先设计都将有利于观察与记录的实施。欲妥适设计观察方法或记录表格，了解观察或观察表格的设计要素便相当重要。所谓观察表格的设计要素，与观察时的记录要素相仿，兹将其内容分述如下：

（一）观察目的

澄清并确定要搜集哪些观察记录资料来解答研究问题。

（二）观察行为

明确界定各行为类别，并将各行为类别转化至记录表格。

（三）观察时间

依研究目的或观察行为特性等，决定观察时距、观察次数或频率，以及观察期程等。

（四）观察对象

依研究目的及观察者的能力等，决定纳入一位或多位观察对象。

第三节 示例探讨

前述就时间取样的观察与记录要素及内容进行概述，为便于读者了解此方法的应用情形，本节将列举五个研究示例，分别就各观察目的、主题、对象、行为定义、工具、观察者角色、时间、情境，乃至分析评量等内容，胪列如下：

【观察示例一】

本示例旨在观察幼儿单一行为，将行为明确界定后，采时距取样方式予以观察并记录。兹将具体内容陈述如下：

一、观察目的：了解班级幼儿无法专心投入学习活动的原因，以利于研拟辅导学习策略并提供适切的协助。

二、**观察主题**：幼儿的不专注行为。

三、**观察对象**：大象班三十名幼儿（括号内为代号）。

一号幼儿（C1）：四岁六个月（4–6）

二号幼儿（C2）：五岁二个月（5–2）

…………

三十号幼儿（C30）：五岁十一个月（5–11）

四、**行为定义**：不专注行为。包括离开座位从事与主题无关的活动，或是坐在座位上东张西望或从事与主题不相干的活动。

五、**观察工具**：自制"幼儿的不专注行为观察量表"（见表4–3）。

六、**观察者角色**：参与观察。

七、**观察时间**：（一）观察时距：二十秒（观察十五秒，记录五秒）。

（二）观察次数：观察每位幼儿四次行为。

（三）观察期程：10：00—10：40，共四十分钟（每一轮观察时间为十分钟）。

八、**观察情境**：以主题活动时间内的分组活动为主，此段时间内幼儿自行选择想参与的小组活动，发挥创意制作主题相关作品，将幼儿内在想法借由作品具体化，并借此丰富主题情境的布置。

九、**分析评量**：依据前述观察与记录结果，逐次分析各幼儿的不专注行为发生情形。

表4–3　幼儿不专注行为观察量表

观察者：_____　　　　　　　　　　　　观察日期：_____

编号＼时距	10：00：20	10：00：40	10：01：00	10：01：20	10：01：40	10：02：00	10：02：20	10：02：40		10：39：20	10：39：40	10：40：00	次数统计	备注
1	✓													
2		✓												
3									（表格向右延续至观察结束时间）→→→					
4				✓										
5					✓									
6						✓								
7														
8							✓							
9														

(续表)

编号＼时距	10：00：20	10：00：40	10：01：00	10：01：20	10：01：40	10：02：00	10：02：20	10：02：40		10：39：20	10：39：40	10：40：00	次数统计	备注
								↓ (表格向下延续至编号30) ↓						
25														
26														
27							→→→							
28														
29														
30														

【观察示例二】

本示例旨在说明观察幼儿的一个以上行为类别，将不同类别行为明确界定并分予代码后，采用时距取样方式予以观察与记录。兹说明如下：

一、观察目的：了解班级幼儿无法专心投入学习活动的原因，以利改变幼儿的不专注行为并提供适切的协助。

二、观察主题：幼儿不专注行为。

三、观察对象：大象班三十位幼儿（括号内为代号）。

　　一号幼儿（C1）：四岁六个月（4-6）

　　二号幼儿（C2）：五岁二个月（5-2）

　　…………

　　三十号幼儿（C30）：五岁十一个月（5-11）

四、行为定义：以观察幼儿的"不专注行为"的类别而言，可再细分如下：

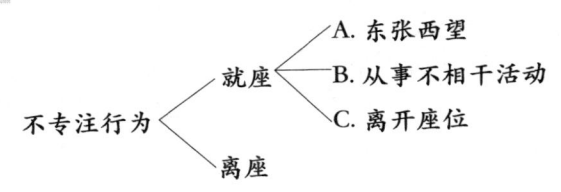

不专注行为
- 就座
  - A. 东张西望
  - B. 从事不相干活动
  - C. 离开座位
- 离座

五、**观察工具**：自制"幼儿不专注行为观察量表"。

六、**观察者角色**：参与观察。

七、**观察时间**：（一）观察时距：二十秒（观察十五秒，记录五秒）。

（二）观察次数：观察每位幼儿四次行为。

（三）观察期程：10：00—10：40，共四十分钟（每一轮观察时间为十分钟）。

八、**观察情境**：主题活动时间内的分组活动，幼儿可自行选择想参与的小组活动，发挥创意制作主题相关作品，将想法借由作品具体化，以丰富主题情境的布置。

九、**分析评量**：依据前述观察与记录结果，逐次分析幼儿的不专注行为发生的情形。

表4-4 幼儿不专注行为观察量表

（说明：不以打✓作为划记代号，而将行为类别的代码直接填入空格内，A代表东张西望，B代表从事不相干活动，C代表离开座位）

编号	时距 姓名	10：00：20	10：00：40	10：01：00	10：01：20	10：01：40	10：02：00	10：02：20	10：02：40		10：39：20	10：39：40	10：40：00	次数统计	备注
1	王	A								（表格向右延续至观察结束时间） →→→				A：1次 B：2次 C：1次	
2	黄		B											A：2次 B：1次 C：1次	
3	林				A									A：0次 B：3次 C：1次	
4	陈					C								A：0次 B：4次 C：0次	
5	赵							A						A：0次 B：0次 C：1次	
6	张								A					A：1次 B：0次 C：1次	

(续表)

编号	时距 姓名	10:00:20	10:00:40	10:01:00	10:01:20	10:01:40	10:02:00	10:02:20	10:02:40		10:39:20	10:39:40	10:40:00	次数统计	备注
		↓ (表格向下延续至编号30) ↓													
28	洪													A：0次 B：1次 C：0次	
29	陈						→→→							A：1次 B：0次 C：0次	
30	蔡													A：0次 B：0次 C：1次	

【观察示例三】

本示例的观察目的与内容等同示例二，唯观察量表的形式不同，视观察者的需求或使用特性可予调整。

一、观察目的：了解班级幼儿无法专心投入学习活动的原因，以利改变幼儿的不专注行为并提供适切的协助。

二、观察主题：幼儿不专注行为。

三、观察对象：大象班三十位幼儿（括号内为代号）。

　　　　　　一号幼儿（C1）：四岁六个月（4-6）

　　　　　　二号幼儿（C2）：五岁二个月（5-2）

　　　　　　…………

　　　　　　三十号幼儿（C30）：五岁十一个月（5-11）

四、行为定义：以观察幼儿的"不专注行为"的类别而言，可再细分如下：

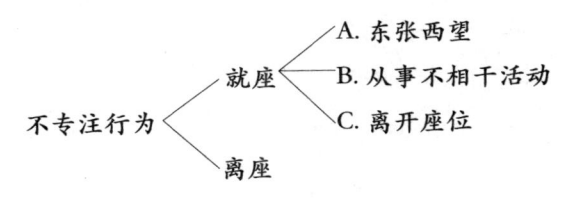

```
                    ┌─ A. 东张西望
         ┌─ 就座 ──┼─ B. 从事不相干活动
不专注行为┤         └─ C. 离开座位
         └─ 离座
```

五、观察工具：自制"幼儿不专注行为观察量表"。

六、观察者角色：参与观察。

七、观察时间：（一）观察时距：二十秒（观察十五秒，记录五秒）。

（二）观察次数：观察每位幼儿四次行为。

（三）观察期程：10：00—10：40，共四十分钟（每一轮观察时间为十分钟）。

八、观察情境：主题活动时间内的分组活动，幼儿自行选择想参与的小组活动，发挥创意制作主题相关作品，将幼儿内在想法借由作品具体化，并借此丰富主题之情境的布置。

九、分析评量：依据前述观察与记录结果，逐一分析幼儿的行为表现情形。

表4-5　幼儿不专注行为观察量表

观察者：_____　　　　　　　　　　　　　　　　　　观察日期：_____

编号	幼儿姓名	各时距观察时间	行为类别	各时段观察时间	第一轮 10：00—10：10	第二轮 10：10—10：20	第三轮 10：20—10：30	第四轮 10：30—10：40	各行为类别次数统计	备注
1		① 10：00：20 ② 10：10：20 ③ 10：20：20 ④ 10：30：20	A B C	东张西望 从事不相干活动 离开座位						
2		① 10：00：40 ② 10：10：40 ③ 10：20：40 ④ 10：30：40	A B C	东张西望 从事不相干活动 离开座位						
3		① 10：01：00 ② 10：11：00 ③ 10：21：00 ④ 10：31：00	A B C	东张西望 从事不相干活动 离开座位						
4		① 10：01：20 ② 10：11：20 ③ 10：21：20 ④ 10：31：20	A B C	东张西望 从事不相干活动 离开座位						
5		① 10：01：40 ② 10：11：40 ③ 10：21：40 ④ 10：31：40	A B C	东张西望 从事不相干活动 离开座位						

(续表)

编号	幼儿姓名	各时距观察时间	行为类别	各时段观察时间	第一轮 10：00—10：10	第二轮 10：10—10：20	第三轮 10：20—10：30	第四轮 10：30—10：40	各行为类别次数统计	备注
				（表格延续）						
29		① 10：09：20 ② 10：19：20 ③ 10：29：20 ④ 10：39：20	A B C	东张西望 从事不相干活动 离开座位						
30		① 10：09：40 ② 10：19：40 ③ 10：29：40 ④ 10：39：40	A B C	东张西望 从事不相干活动 离开座位						

【观察示例四】

本示例以幼儿游戏行为为观察对象，对幼儿的游戏行为表现进行普遍性的观察与记录。

在观察对象方面，只对特定幼儿的行为表现加以观察，采用固定时间间隔取样方式进行。兹说明如下：

一、观察目的：借由观察幼儿与他人互动时的行为表现，了解幼儿的发展现况以及与他人互动时会产生什么类型的游戏行为，借以作为辅导之依据。

二、观察主题：幼儿游戏行为的类别

三、观察对象：幼儿园大班三位幼儿（括号内为代号）。

第一名幼儿（C1）：四岁六个月（4-6）

第二名幼儿（C2）：五岁二个月（5-2）

第三名幼儿（C3）：五岁十一个月（5-11）

四、行为定义：

行为范畴	行为类别	行 为 定 义
非社会行为	无所事事行为	看着别人玩但不加入，东张西望
	旁观者行为	看着别人玩，和别人说话，或问问题
	单独游戏	独自一人玩
社会行为	平行游戏	和身旁的幼儿玩着一样的游戏，也不会想去影响或干预他人

(续表)

行为范畴	行为类别	行 为 定 义
社会行为	联合游戏	团体中，幼儿们玩着类似的游戏，但是没有定义特别的角色或目标
	合作游戏	幼儿们一起为完成某项作品或目标共同努力，如办家家酒或团体游戏

五、**观察工具**：自制"幼儿社会游戏行为观察表"。

六、**观察者角色**：参与观察。

七、**观察时间**：（一）观察次数：每名幼儿每日观察三次，三名幼儿轮流观察。

（二）观察期程：每名幼儿观察五分钟。

八、**观察情境**：于幼儿园每日的自由游戏时间，老师开放各学习角落让幼儿于其中自由活动，或是自由选择活动空间任意与其他幼儿互动或游戏。

九、**分析评量**：依据前述观察与记录结果，逐一分析幼儿的行为表现情形。

表4-6　幼儿社会游戏行为观察表

（说明：各类别行为采用划记方式记录，必要时可于栏位内辅以简要说明。）

幼儿姓名：　　　　　　　　　日期：

年龄　　　岁　　个月　　　　　　　观察者：

观察时间：_____—_____　　观察者角色：
观察时距：_____（_____观察，_____记录）
观察情境：

行为类别 期程	非社会行为			社 会 行 为		
	无所事事行为	旁观者行为	单独游戏	平行游戏	联合游戏	合作游戏
1						
2						
3						

【观察示例五】

本示例的观察目的及内容与示例四同，但记录与分析方法着重于认知与社会等两层面的讨论。兹说明如下：

一、**观察目的**：借由观察幼儿与他人互动时的行为表现，了解幼儿的发展现况以及幼儿与他人互动时会产生什么类型的游戏行为。

二、观察主题：幼儿游戏行为——认知与社会层次的游戏行为。

三、观察对象：幼稚园大班三位幼儿。幼儿后的（　）内为代号。

第一名幼儿（C1）：四岁六个月（4-6）

第二名幼儿（C2）：五岁二个月（5-2）

第三名幼儿（C3）：五岁十一个月（5-11）

四、行为定义：（一）无所事事行为：看着别人玩但不加入，东张西望。

（二）旁观者行为：看着别人玩，和别人说话或问问题。

（三）单独游戏：独自一人玩。

（四）平行游戏：和身旁的幼儿玩着一样的游戏，也不会想去影响或干预他人。

（五）联合游戏：团体中，幼儿们玩着类似的游戏，但是没有定义特别的角色或目标。

（六）合作游戏：幼儿们一起为完成某项作品或目标共同努力，如办家家酒或团体游戏。

五、观察工具：帕滕/皮亚杰观察量表。

六、观察者角色：非参与观察。

七、观察时间：10.1、10.8、10.15三天。

（一）观察期程：每名幼儿观察五分钟。

（二）观察时距：二十秒（观察十五秒，五秒划记）。

（三）观察次数：观察幼儿各项游戏行为。

八、观察情境：于每日的自由游戏时间，老师开放各学习角落让幼儿于其中自由活动，或是自由选择活动空间任意与其他幼儿互动或游戏。

九、分析评量：以表4-7为例，此表乃观察C1（4-6）共四十五次游戏行为的分析结果，其中单独游戏出现五次，占11.11%；平行游戏出现七次，占15.56%；群体游戏出现十二次，占26.67%；非游戏活动出现十三次，占28.89%；旁观/无所事事/活动转移出现八次，占17.78%。

在表4-8方面，观察C2（5-2）共四十五次游戏行为，其中单独游戏出现三次，占6.67%；平行游戏出现八次，占17.78%；群体游戏出现十六次，占35.56%；非游戏活动出现十一次，占24.44%；旁观/无所事事/活动转移出现七次，占15.56%。

以表4-9为例，观察C3（5-11）共四十五次游戏行为，其中单独游戏出现八次，占17.78%；平行游戏出现九次，占20.00%；群体游戏出现十一次，占24.44%；非游戏活动出现十次，占22.22%；旁观/无所事事/活动转移出现七次，占15.56%。

表4-7 游戏行为次数统计表-C1

		认 知 层 次					
		功能性	建构	戏剧	规则	总计	百分比
社会层次	单独	卌			0	5	11.11%
	平行		////	///	0	7	15.56%
	联合或合作	卌	///	////	0	12	26.67%
	非游戏活动					13	28.89%
	旁观/无所事事/活动转移					8	17.78%
	总计	10	7	7	0	45	

表4-8 幼儿游戏行为次数统计表-C2

		认 知 层 次					
		功能性	建构	戏剧	规则	总计	百分比
社会层次	单独		0	///	0	3	6.67%
	平行	/	卌	//	0	8	17.78%
	群体	///	////	卌	0	16	35.56%
	非游戏活动					11	24.44%
	旁观/无所事事/活动转移					7	15.56%
	总计	3	8	15	0	45	

表4-9 幼儿游戏行为次数统计表-C3

		认 知 层 次					
		功能性	建构	戏剧	规则	总计	百分比
社会层次	单独	卌	///		0	8	17.78%
	平行	/	卌	//	0	9	20.00%
	群体	//	////	卌	0	11	24.44%
	非游戏活动					10	22.22%

(续表)

| | | 认 知 层 次 |||| 总计 | 百分比 |
		功能性	建构	戏剧	规则		
社会层次	旁观／无所事事／活动转移					7	15.56%
	总计	4	12	15	0	45	

第四节 分析评量

马丁（1999：133）强调，在分析资料之前，必须检视资料的"信度"（reliability）和"效度"（validity）。信度和效度是为了确保由观察所得的记录资料具有可信度和有效性；有时观察者所选观察的目标行为不能提供研究问题的解答或不具有代表性，造成搜集到无效或无用的资料。另外，观察者对行为类别操作性定义的界定不合宜，也是造成资料无效或不可信的原因之一，例如：观察者可能合适地分类了行为的类别，但却没有明确地定义该行为类别，以致在观察时记录到无效的资料或信息。

由前述可知，可信和有效的记录资料的重要性，它们同时也是解释和分析的重要素材。有关取样资料的分析和评量，马丁（1999：133）提出可以从两方面着手：其一是解释观察记录资料，其二是从资料分析中进行推论。

（一）解释观察记录资料

解释观察记录资料时，应关注到下列七点：

1．估算事件的频率（determining the frequency of the events）；

2．细想事件的起因（considering what prompted the events）；

3．测量事件的持续时间（measuring the duration of the events）；

4．检视事件的发展意义（examining the developmental significance of the events）；

5．评量回应事件的必要性（evaluating the necessity of responding to the events）；

6．定义行为或事件的模式（identifying the pattern of behaviors/events）；

7．决定进一步观察或评量的必要性（determining further observation and assessment needs）。

（二）从资料分析中进行推论

从观察所得的记录资料乃是解释幼儿发展现况的最佳佐证。因此，观察者必须借助客观可信和有效的记录资料以推论幼儿现阶段的发展。进行推论时，观察者必须考量下列几点原则：

1．根据幼儿发展理论

依据发展理论评估幼儿现阶段的发展是否异于发展常模，借以提供适切的协助和拟订个别学习计划。

2．依据事件发生的次数和频率

由于时间取样的优点之一，是在很短的时间内便能搜集到具代表性的样本资料，因此观察者或老师在检测记录资料的信度和效度之余，应详细统计行为发生的次数和频率，以了解目标行为的严重程度。

思考作业

1. 何谓时间取样观察法？
2. 时间取样观察法有哪些特性？
3. 时间取样观察法有哪些优缺点？
4. 采用时间取样的观察程序有哪些？
5. 时间取样的记录方式有哪三种？
6. 解释观察记录资料时应注意哪些事项？
7. 试以时间取样观察法，拟一份观察记录表。观察主题：幼儿饮食行为，观察对象：三位大班幼儿。

第五章　事件取样
邱琼慧

本章概要
第一节　方法概述
第二节　观察与记录
第三节　示例探讨
第四节　记录分析

什么是事件取样？

事件取样要怎么记录？

什么时候要用事件取样来观察幼儿行为呢？

开始进行事件取样前，我需要做什么准备吗？

事件取样的记录有没有一定的格式呢？我可以自行设计吗？

事件取样的优缺点是什么？

如同其他观察方法一样，幼教老师在使用事件取样进行观察时，也会提出上述问题，本章将分为四个小节来探讨事件取样，首先是"方法概述"，探讨事件取样的意义与特性等；其次是"观察与记录"，探讨观察程序和记录时点；再次为"示例探讨"，以示例说明方法的实际应用；最后是"记录分析"，探讨资料的诠释以及分析的方式。

第一节　方法概述

本节将就事件取样的意义、特性、适用时机，以及优缺点等，分项说明如下。

一、何谓事件取样

事件取样，顾名思义，是以"事件"作为观察目标，并记录事件发生的原委和来龙去脉，包括说明事件发生的前因以及事件发生的后果。

事件取样主要用于观察特定的行为或事件，但不规定观察时间，观察所得的资料和信息较具连续性和自然性。当观察者所设定观察的目标行为出现时，就开始将目标行为及其发生前后的事件记录下来，一直记录到事件结束为止。记录的方式，可以利用符号系统的记录方式，于事件发生时以代码迅速记录；或是以叙事描述的记录方式，将事件发生的前因和后果记录下来。至于要记录什么事件，要视观察者的观察动机和观察目的而定。

事件取样的目的在于记录观察者所欲观察的特定行为或事件，以及事件发生的连续因果关系，进而从对事件的持续记录中得知行为发生的模式（pattern）。但事件取样仅针对特定的事件或行为进行观察，只关心事件本身；特定事件或行为以外的事件或行为，并不在观察范围之内，也不予以记录。因此，以事件取样来进行观察容易锁定观察的焦点，不易失焦，所得到的观察记录资料也能够充分解答研究问题。

综上言之，事件取样可记录事件的内容与发生的前后因果，观察者可因观察目的不同，利用事件取样来取得目标行为发生的频率、目标行为的持续时间、目标行为的因果关系，以及目标行为的严重程度（Martin，1999：121），兹说明如下：

（一）频率（frequency）

目标行为发生的频繁状况为何？

（二）持续时间（duration）

目标行为持续了多久时间？

（三）因果关系（causality）

引发目标行为发生的原因为何？事件后续发展情况为何？

（四）严重性（severity）

目标行为被认定的严重程度为何？

二、事件取样的特性

事件取样的特性主要有三，兹分述如下：

（一）所得资料为持续性资料，容易了解事件及其发生的脉络

事件取样强调，在记录时，除了记录所欲观察的特定事件或行为本身外，仍需记录事件或行为发生的前因后果和情境脉络，且必须从事件或行为一发生就开始记录，持续记录到事件结束，因此所得到的资料是持续性的资料。如此不仅可以得到事件或行为的发生次数，亦有助于了解事件及事件发生的情境。

（二）有益于深入探究某一事件或行为

将焦点集中在特定的事件或行为，特定的事件或行为以外者则不在观察范围内，观察者容易凝聚焦点于所要观察的特定事件或行为，有益于针对特定的事件或行为深入探究，并获得较为详尽的了解。

（三）配合事前缜密计划，资料信息易聚焦

事件取样是有计划的观察工作，若配合事前缜密计划，对特定的事件或行为将有清楚的认知和了解，并有利于对事件或行为提出明确的分类和定义，便于现场观察和记录。

三、适用时机

想以特定事件或行为作为观察目标时，可使用事件取样来搜集该特定事件或行为的资料和信息。以幼教工作现场或研究为例，使用事件取样的适用时机主要有二：

（一）探讨幼儿的反社会行为

事件取样常被用来观察幼儿的反社会行为（anti-social behaviors，如发脾气、

攻击行为等），其目的是借由特定事件取样的观察记录资料，了解幼儿反社会行为的原因和事件发生的脉络，以作为辅导幼儿改变行为的参考依据，从而进一步地提出适切的辅导和解决策略。事件取样为辅导幼儿行为改变提供了良好的观察与记录选择。

何以事件取样适于探讨幼儿的反社会行为？由于幼儿的反社会行为的形成因素颇为复杂，若需辅导或改变，对于行为及其发生脉络的了解，则相当必要。适用事件取样的原因，乃是事件取样以观察某一特定事件或行为为目的，观察的焦点集中在特定的事件或行为上，不容易失焦，且事件取样只关心事件或行为本身，观察目标事件或行为以外的事件则不在观察范围之内，因此可以排除不必要的干扰。观察者也容易专注于目标行为的观察，既可节省时间，又非常有效率，等于在观察时就已经先过滤一次，所以事后的分析解释，就省了一道手续。因此，若以事件取样探讨幼儿的反社会行为，对于行为的观察和记录将非常方便，既省时又有效率。

（二）想获取特定事件或行为发生的频率、次数或强弱

以事件取样获得的观察记录资料，事后分析时可使用量化的分析方式分析记录资料并进行解读。从观察记录资料的整理分析中，可得知事件发生的次数（各类行为出现的次数、行为出现总次数等）、频率（以行为出现总次数除以观察总时间）、时间（行为发生的时间，如晨光活动、小组活动、角落活动、主题活动等），并且可将观察记录资料以统计图表的方式呈现，一目了然地解读资料。

在幼儿行为的研究中，此类应用时机也颇为常见。以幼儿的争吵行为为例，当争吵行为发生时，观察者可就争吵行为加以记录，记录的内容可包括幼儿资料（姓名、年龄、性别）、开始时间、情境描述、事件描述、结束时间等。当前述幼儿争吵行为的资料搜集持续一段时间，研究者确认所获资料充分之后，再进行分析解释。

关于事件取样所得的资料分析，再以前例而言，可做如下分析：在一百个小时的观察时间内，共记录了四百次争吵行为，如此可以计算每小时争吵行为出现的频率为四次每小时，然后再依观察地点做分类，借以了解在何处的争吵行为出现较多。例如：二百次争吵行为中，三十二次争吵行为出现在教室外的活动，其余的一百六十八个争吵行为出现在教室内的活动中。由此可进一步讨论，是否教室内的活动多于教室外的活动？是否教室内的空间过于局限，以致幼儿容易出现争吵行为？然后再深入探讨教室内和教室外争吵行为出现的原因和行为类别，以作为进一步辅导和改进的参考依据。

关于事件取样的资料分析的方式，应以研究者关心的面向为主。例如：前例中

的研究者若关心幼儿的争吵行为在不同时间、地点、性别，以及行为类别等方面的出现情况为何，便可系统地条列分析如后：

- 就时间分析：每小时出现四次争吵行为。
- 就空间分析：教室内出现一百六十八次争吵行为，教室外出现三十二次争吵行为。
- 就性别分析：男生出现一百一十五次争吵行为，女生出现八十五次争吵行为。
- 就争吵行为类别分析：报复行为出现十次，攻击行为出现十七次。

四、事件取样的优点

一般而言，事件取样的优点主要可归纳为下述八项：（Slee，1987：41—42）

（一）观察特定的行为或事件，可获得具连续性、自然性的样本资料；

（二）结合了符号系统与叙事描述两种记录方式，可得到质与量的观察资料；

（三）以符号系统记录特殊事件的出现情况，可得到立即性的样本资料；

（四）以叙事描述特殊事件发生的前因后果，可得到全貌性的样本资料；

（五）可针对某一特定行为，做深入的探讨和研究；

（六）可保留被观察的事件或行为的完整性；

（七）具有经济效益，在搜集资料上非常省时；

（八）可同时用来观察发生频繁的行为和偶然发生的行为。

五、事件取样的缺点

由于事件取样重在详细地描述事件本身，对事件以外的行为可能相对缺少关注，常见的缺点主要有三：

（一）只观察和记录特定的行为或事件，容易忽略了特定行为或事件之外的资料；

（二）以叙事描述方式记录特殊事件，于分析时不易分类和推论；

（三）受限于只能观察持续时间短或不常出现的行为，对于持续时间长或常出现的行为不能有效地观察和记录。

第二节　观察与记录

为确保观察资料的有效性及完整性，事件取样在实施时有其规范的程序及内容。对于研究者而言，使用事件取样时，必须规划并检视适切的实施内容，以利资料的取得。本节拟就事件取样的观察与记录实施程序及内容，说明如下。

一、实施程序

关于事件取样的实施程序可归结有七，兹分述如下：

（一）描述观察目的

观察者必须对自己为何要观察以及要观察什么有清楚明确的认知和了解。例如：在自由活动时间，班级内充满着嬉闹嘈杂的声音，偶尔夹杂着争吵的话语；为了解决自由活动时间的嘈杂状况，了解幼儿争吵的原因，以协助幼儿们能够自律、有秩序，教师希望能够了解争吵行为的发生始末，决定采用事件取样的方式观察并记录幼儿的争吵行为。

（二）订定观察主题

在描述观察者自己的观察动机并确定观察目的后，选择观察主题并试着描述观察的主题内容。例如：若有意观察幼儿的争吵行为、攻击行为，先试着描述这些主题发生的场景与内容，并说明观察者的旨趣所在。

（三）定义目标行为

在订定并简要说明观察主题之后，观察者必须清楚且明确地界定目标行为的范畴、类别和定义。例如：以观察班级幼儿争吵行为为例，观察者必须界定何谓争吵行为、争吵行为的范畴、范畴内的行为类别可以分为哪几类，以及各行为类别的定义为何。当目标行为界定明确时，观察与记录的成效将更为提升。兹以争吵行为为例，将定义行为的内容说明如下：

1．行为范畴

何谓争吵行为？何种行为属于争吵行为？何种行为不属于争吵行为？如抢夺玩具或用品属之，那么只有口头争吵却无肢体碰触是否属之？均需明确界定。

2．行为类别

依争吵行为的原因或观察目的将行为进行适切分类。如分为有无肢体的碰触，是否有物品的抢夺行为等。

3．行为定义

界定各行为类别所代表的意义。如肢体碰撞指以身体的任何部分碰触他人，如以手肘轻触或重捶，以脚踢人；物品的抢夺包括抢夺玩具、抢夺正在使用的用品（画笔、图书）等。

（四）选择观察情境

在订定观察主题和定义目标行为之后，观察者必须选择可以获得目标行为相关信息的观察情境和地点，主要的考量点包含选取行为的代表性、观察实施的适切性等。例如：选择教室内的自由活动时间，或者教室外的自由活动时间，前述时间的选择需根据行为取样的代表性或观察实施的便利性加以斟酌。

（五）选择记录方式

前述事件取样的记录方式有二，其一为符号系统记录方式，其二为叙事描述记录方式。观察者必须视自己的实际需求选择最适合的记录方式，以达到事半功倍的效果。若时间允许的话，可以同时采用上述两种记录方式，不但可取长补短，互补所缺，又可进行记录资料的交叉检核，以增加记录资料的信度与效度。

观察时，观察者必须关注目标行为是否出现，一旦目标行为出现，就立即予以记录。记录时，观察者必须从目标行为开始时就进行记录，一直记录到目标行为结束。观察者持续观察和记录目标行为一段时间，便可依据记录资料，进一步分析该目标行为发生的模式。如以"打人"为例，为什么打人？何时会打人？被打的是谁？利用观察得到目标行为的详细资料，进一步地分析解释，以作为辅导幼儿行为改变的参考依据。

（六）付诸观察并记录

观察时，观察者必须专心注意目标行为是否发生，一旦界定目标行为已经发生，则开始进入记录阶段，此时，记录的重点与观察的重点同步，必须注意下列几点：

1．目标行为发生的时间

目标行为发生、持续，以及结束的时间。如：何时打人？是发生在团体活动、人较拥挤时，抑或是发生在自由活动时间？当时老师注意的情况如何？

2．目标行为发生的原因

如打人的原因为何？是对他人的反击（被抢夺物品时、自己的作品被破坏时、被推挤时），还是情绪反应（对他人感到厌倦时，受到老师指责时，无法完成作品时）？

3．目标行为发生时的人

谁被打？是特定的幼儿？男孩或女孩？年纪较大或较小的幼儿？体型较大或较小的幼儿？均需详细的记录为宜。

（七）诠释分析

当观察和记录目标行为一段时间之后，就必须整理和分析所搜集到的信息，并做进一步的分析解释，以期能获得相关行为的诠释，作为进一步辅导幼儿的参考。资料分析时必须先理解目标行为发生的原因，再从连续观察一段时间的记录资料中归纳出目标行为的模式，提出较稳定且具说服力的分析结果后，再以之研拟辅导策略。

二、观察情境的描述

以事件取样观察幼儿的行为表现时，观察地点的选择是非常多样的。以幼儿园为例，若以空间区隔来分的话，可以分为教室内和教室外；而教室内又可再依教室内的环境规划，或以学习角落来区分，如语文角、科学角、益智角、美劳角、娃娃角等，作为不同的取样情境。

例如：以语文角的攻击行为为例，采用事件取样可记录如下：

如婷在语文角内坐在地板上看着书，俊宇走过如婷面前，用脚踢了如婷的脚，大喊："脚拿开啦。"如婷立刻站了起来，用手上的书敲了俊宇的头，嘴里说："干嘛踢我。"
——语文角，10：14：20′—50′

三、观察者的角色

观察者的角色可分为参与观察者（participant observer）和非参与观察者（nonparticipant observer）两种。其中参与观察又可依观察者参与观察活动的程度分为四类：完全参与者、参与者观察、观察者参与、完全观察者。

非参与观察者乃指不直接参与观察活动或与观察对象是没有直接互动的第三者，亦即外来研究者或观察者。

参与观察者乃指直接参与观察活动或与观察对象有直接互动的人，如教师、实习教师等。教育现场的老师们，在使用事件取样来观察班级内幼儿的行为表现时，通常是以参与观察的角色来进行。

四、记录时点

事件取样的记录时机是当事件发生才予以记录，事件结束就停止记录，所以事件取样并不像时间取样一样事先设定观察时间，包括观察多久、多久观察一次、观察几次等。此外，以文字描述事件发生的来龙去脉的事件取样记录方式，也不同于只要有兴趣或重要事件发生时就记录的轶事记录，此两者在记录时点方面有所差异。

五、记录方式

事件取样的记录方法可以分为两大类，第一类是以符号系统（sign system）记录，第二类是以叙事描述（narrative description）记录。由于第一类的符号系统记录和第二类的叙事描述记录之间具有互补作用，因此观察者也可以同时使用来记录事件经过。以下对符号系统记录方式和叙事描述记录方式这两类记录方式分别进行探讨：

（一）符号系统记录方式

所谓符号系统记录方式乃指观察者只关注目标行为，目标行为一旦出现就立即以事先设计好的符号代码来记录事件，然而目标行为以外的行为或事件则不予关注，且不在观察范围之内。

符号系统记录方式非常方便、快速，便于统计行为类别或行为发生的原因。观察者需于观察前先将目标行为进行分类，然后依照各行为类别的项目，以个别的代码将之记录于事先设计的观察表中，或以检核方式记录事件的发生频率。由于观察的事件是观察前设定的，因此，与观察有关的任何项目皆可以代码、划记的方式进行记录。例如：事件发生的地点（教室外、教室内、语文角、美劳角、科学角、益智角等）、事件发生的时间（晨光时间、主题活动、角落活动、点心时间、午餐时间、活动转换、团体活动、小组活动等）、事件发生时的人（幼儿、教师或成人）等，都可事先列为检核项目。

以幼儿经常出现的告状行为为例，为了解幼儿告状的原因及其目的，观察者可于观察前先将告状行为的原因进行分类。例如：于欣总是对着老师说："老师，筱彤打我！"（肢体冲突）"老师，尹珊抢我的书！"（物品争夺）"老师，利豪把嘉禾的色纸用破了！"（欺侮他人）……观察者必须于开始观察前设计观察行为检核表，以便于事件发生时以检核方式记录行为。有关符号系统记录方式的参考范例，请参阅本章第三节"示例探讨"。

（二）叙事描述记录方式

以叙事描述方式来记录事件取样的事件时，须直接切入与观察主题直接相关的主题行为，并用文字描述事件发生的来龙去脉及其前因后果。

叙事描述的记录方式，非常地详实且具体，便于了解事件发生的原委和脉络，有利于对行为做深入的剖析并提出适切的解决策略。

例如：观察幼儿的社会互动行为时，可同时记录目标幼儿和周遭人的对话（"钧圻，我可以和你一起赛车吗？""我们一起听故事！"）；幼儿如何与周遭的人互动，例如：是以肢体语言的互动方式（拥抱、牵手等），还是以物品交换的方式（分享物品、交换物品等），以及事件发生的前因和后果（佑华说："钧圻，我可以和你一起玩赛车吗？"钧圻同意且拉着佑华的手，说："好啊！"于是佑华加入了钧圻赛车的游戏，而且互相较起劲来）。

再以前述相同的幼儿告状行为为例，若以叙事描述的记录方式来记录于欣的告状行为，可记录如下：

5月5日角落活动时，尹珊左看右看，最后选择了语文角，语文角内已有五位幼儿，尹珊是最后一位进入语文角的。尹珊走到书架前，将书架里的绘本一一拿起又放下，尹珊就这样重复了好几次，仍然没有拿起任何一本书。于是尹珊转了个身，看到坐在一旁的于欣手上的绘本，便伸出手将它拿了过来。于欣立刻站了起来，将尹珊手上的书抢了回来，不一会儿，尹珊又抢了过去。

　　于欣跑到老师处告状，说："老师，尹珊抢我的书！"老师回问于欣："为什么尹珊会抢你的书呢？"于欣回答："我在语文角看书，尹珊走过来就把我在看的书抢走！"老师回答："是这样呀！你可以请尹珊过来，我来问她为什么要抢你在看的书。"于欣答："好！"她走向语文角的尹珊，然后对尹珊说："尹珊，老师找你。"尹珊不理会于欣的话，继续看着从于欣手上拿来的绘本。于欣重复一次："尹珊，老师找你。"但尹珊仍然没有回应于欣的话，继续看着手上的书。

　　于欣就又跑到老师处，说："老师，我跟尹珊说老师找她，可是她都不理，也不回答我，然后一直看我的那本书。"老师回答于欣说："是这样呀！那我过去问她！"于是老师起身走向语文角的尹珊，于欣跟随在后。

　　有关叙事描述记录方式的参考范例，可另参阅本章第三节"示例探讨"。

六、记录的要素

　　前述观察与记录应考量的原则或重点相似，必须包括目标行为发生的前因和后果，亦即目标行为发生前，幼儿们在做什么；目标行为发生时，当事人的反应和表现如何；目标行为发生后，幼儿们如何处理和解决等。

　　斯利（1987：42）认为，事件取样记录时，必须注意资料的信息，包括事件的持续时间（duration）、事件的内容要旨（content）、事件的情境脉络（context），以及后续事件（outcome）四项，兹分述如下：

（一）持续时间

　　目标行为开始和结束的时间为何，持续了多久。

（二）内容要旨

　　观察目标说了什么，对谁说。

（三）情境脉络

　　目标行为在哪里发生，当时还有哪些人，正在进行哪些活动。

（四）后续事件

　　目标行为出现后，接着又发生了什么。

　　观察者在实际记录时应包含前述要素内容，尽可能详细地记录。记录愈完整，后续的解释及分析将更为有利。为便于观察者确认是否完成所有的观察程序，兹将事件取样的程序依实施阶段制成观察程序确认表，如表5-1，观察者可自行检核完成状况，并作必要调整。

表5-1　观察程序确认表——事件取样

观察阶段	观察步骤		说　　明	确认栏	备注
1．计划	1-1	描述观察目的		✓	
	1-2	订定观察主题		✓	
	1-3	定义观察行为		✓	
	1-4	选择观察情境			
	1-5	选择记录方式			
	1-6	制作观察量表			
2．过程	2-1	仔细观察			
	2-2	客观记录			
3．分析评量	3-1	归纳整理			
	3-2	诠释分析			
	3-3	资料呈现	3-3-1　纳入学习档案		
			3-3-2　亲师沟通资料		
			3-3-3　撰写研究报告		

1．在确认栏内以"✓"的方式确认已完成的观察步骤。
2．利用观察程序确认表，确认观察工作的进行状况。

第三节　示例探讨

本节将以符号系统及描述叙事等为记录方式为例，试举数例说明记录的方式与内容。

一、符号系统记录方式

符号系统记录在实际应用时较为简捷，若能妥善规划，观察者不仅可简便记录、后续的资料分析与解读也将能更系统且深入，故选择符号系统记录时，观察者的事前规划作业便相当重要。

一般而言，若能将记录内容化为表格最有益于观察与记录，常用的符号系统记录表格主要有"符号代码"和"项目检验"等方式，关于前述表格的使用，将分别说明如下。

以幼儿经常出现的告状行为为例，为了解幼儿告状的原因及其目的，观察者可于观察前先将告状行为的原因进行分类。例如：于欣总是对老师说："老师，筱彤打我！"（肢体冲突）"老师，尹珊抢我的书！"（物品争夺）"老师，利豪把嘉禾的色纸用破了！"（欺侮他人）……观察者必须于开始观察前设计观察行为检核表，以便于事件发生时以检核表方式记录行为。前述告状行为的检核表的设计，采用符号代码或项目检核皆可，兹分别举例说明如下。

【示例一】符号代码观察表

〈符号代码说明〉
告状行为的原因：
A＝肢体冲突　B＝物品争夺　C＝欺侮他人……
告状行为出现的时间：
a＝晨光活动　b＝自由活动　c＝小组活动　d＝团体活动　e＝角落活动

日期	第一次告状原因/时间	第二次告状原因/时间	第三次告状原因/时间	第四次告状原因/时间	告状原因小计	发生时间小计
5/5	B/e	/	/		A：0次 B：1次 C：0次 小计1次	a：0次 b：0次 c：0次 d：0次 e：1次 小计1次
5/6	A/a	C/a	B/c	B/b	A：1次 B：2次 C：1次 小计4次	a：2次 b：1次 c：1次 d：0次 e：0次 小计4次
5/7	A/a	B/d	C/d		A：1次 B：1次 C：1次 小计3次	a：1次 b：0次 c：0次 d：2次 e：0次 小计3次
					共8次	共8次

〈表格内容说明〉

5/5　于欣告状一次，发生时间为"角落活动"，发生原因为"物品争夺"。

5/6　于欣告状四次：

　　　发生时间为"晨光活动"两次，发生原因为"肢体冲突"和"欺侮他人"；

　　　"小组活动"一次，原因为"物品争夺"；

　　　"自由活动"一次，原因为"物品争夺"。

5/7　于欣告状三次：

发生时间为"晨光活动"一次，发生原因为"肢体冲突"；

"团体活动"两次，发生原因为"物品争夺"和"欺侮他人"。

【示例二】项目检核观察表

告状者：于　欣　　　　　　观察者：A 师

日期	告状行为 原因 时间	肢体冲突	物品争夺	欺侮他人	告状行为小记
5/5	角落活动		✓		1
5/6	晨光活动	✓		✓	2
5/6	小组活动		✓		1
5/6	自由活动		✓		1
5/7	晨光活动	✓			1
5/7	团体活动		✓	✓	2
次数统计		2	4	2	8

〈表格内容说明〉

5/5　于欣告状一次，发生时间为"角落活动"，发生原因为"物品争夺"。

5/6　于欣告状四次：

　　　发生时间为"晨光活动"两次，发生原因为"肢体冲突"和"欺侮他人"；

　　　　　"小组活动"一次，原因为"物品争夺"；

　　　　　"自由活动"一次，原因为"物品争夺"。

5/7　于欣告状三次：

　　　发生时间为"晨光活动"一次，发生原因为"肢体冲突"；

　　　　　"团体活动"两次，发生原因为"物品争夺"和"欺侮他人"。

前述记录内容可进一步转化为下表：

5/5—5/7

时　间	肢体冲突	物品争夺	欺侮他人	小　计
小组活动	—	1	—	1
自由活动	—	1	—	1
角落活动	—	1	—	1
晨光活动	2	—	1	3

(续表)

时 间	肢体冲突	物品争夺	欺侮他人	小 计
团体活动	—	1	1	2
总计	2	4	2	8

〈记录分析〉

1. 告状行为总次数：5/5—5/7三天内，于欣总共出现了八次的告状行为。
2. 告状行为之原因：八次告状行为中，分析其原因有"肢体冲突"两次，"物品争夺"四次，"欺侮他人"两次。
3. 以发生原因来分："肢体冲突"两次皆发生在晨光活动。

   "物品争夺"出现在不同的活动时间，共出现四次。

   "欺侮他人"一次出现在"晨光活动"。

   另一次出现在"团体活动"，共出现两次。

4. 以活动时间来分：

"小组活动"出现了一次"物品争夺"，发生于5/6。

日 期	时 间	肢体冲突	物品争夺	欺侮他人	小 计
5/6	小组活动		✓		1

"自由活动"出现了一次"物品争夺"，发生于5/6。

日 期	时 间	肢体冲突	物品争夺	欺侮他人	小 计
5/6	自由活动		✓		1

"角落活动"出现了一次"物品争夺"，发生于5/5。

日 期	时 间	肢体冲突	物品争夺	欺侮他人	小 计
5/5	角落活动		✓		1

"晨光活动"出现了两次"肢体冲突"，一次"欺侮他人"。5/6发生一次"欺侮他人"，5/6及5/7各发生一次"肢体冲突"。

日 期	时 间	肢体冲突	物品争夺	欺侮他人	小 计
5/6	晨光活动	✓		✓	2
5/7	晨光活动	✓			1
		2		1	3

"团体活动"出现了一次"物品争夺"、一次"欺侮他人",均发生于5/7。

日　期	时　间	肢体冲突	物品争夺	欺侮他人	小　计
5/7	团体活动		✓	✓	2

〈解释〉

在"晨光活动"时间,于欣最容易出现告状的行为,发生原因以"肢体冲突"出现两次为最高,"欺侮他人"出现一次。推论其可能原因如下:

〈推论一〉　可能是一早到园时,于欣的情绪控制不是很好,只要稍微与人产生接触或碰撞,就感到不舒服,于是出现了告状行为。

〈推论二〉　于欣总是在"晨光活动"出现告状行为,其告状原因多为"肢体冲突",这可能显示出"晨光活动"在时间或空间的安排上有些不妥,或对于欣而言不甚适切,以致于于欣经常在"晨光活动"时出现告状行为。

〈推论三〉　就告状行为的原因而言,于欣最容易因为"物品争夺"而产生告状行为,"肢体冲突"和"欺侮他人"次之。这样的信息反映出,于欣与其他幼儿互动可能存在困难,其原因可能是于欣尚不知如何与他人分享物品,抑或想要某物品时,不知如何表达,或不知使用语言来取得某物品,如"可以让我玩一下吗"等。

基于上述的可能推论,观察者或老师必须进行后续行为的观察与记录,或据以寻求适切的解决策略,进一步予以于欣行为辅导。

前述的分析结果,另可采用图示呈现,亦即转化为图像,这样有利于不同类别行为间的相互比较。兹将前例另以图示如下:

【图示】

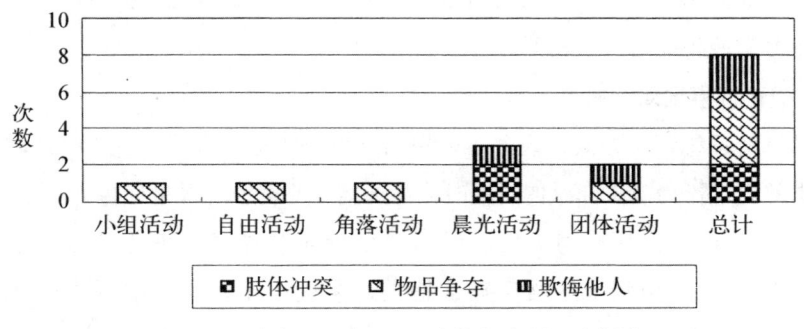

图5-1　个案于5/5—5/7告状行为原因分析表

〈图示分析〉

从图示结果观之，可能的分析或说明如下：

从图示得知，幼儿的告状行为多发生在晨光活动，团体活动次之，而在小组活动、自由活动以及角落活动的发生次数最少，皆为一次而已。

从总计栏可以得知告状行为总共出现八次，且物品争夺为告状行为最常见的原因，占八次告状行为中的四次，出现率为50%；肢体冲突和欺侮他人则各出现两次，各占告状行为总出现次数的25%。

另以分类方式分析：

1. 告状行为总次数：于5/5—5/7三天内，幼儿总共出现了八次告状行为。
2. 告状行为之原因：八次告状行为中，分析其原因有"肢体冲突"两次，"物品争夺"四次，"欺侮他人"二次。
3. 以发生时间来分："角落活动"出现了一次"物品争夺"；

    "晨光活动"出现了两次"肢体冲突"、一次"欺侮他人"；

    "小组活动"出现了一次"物品争夺"；

    "自由活动"出现了一次"物品争夺"；

    "团体活动"出现了一次"物品争夺"、一次"欺侮他人"。
4. 以发生原因和时间而言："肢体冲突"两次皆发生在晨光活动。

    "物品冲突"各出现在不同的活动时间，共出现四次；

    "欺侮他人"一次出现在"晨光活动"，另一次出现在"团体活动"，共出现两次。

〈解释〉

从图示可逐步分析出行为出现的情况并推断行为形成的可能原因。采用图示或表格方式分析或呈现，观察者可依个人的习性或喜好为之。同样的解释内容请径行参见前述推论，本处不再重述。

二、描述叙事记录方式

如同符号系统记录方式，观察者采用描述叙事的记录方式时，仍须于观察前将行为分类并界定行为定义，以便观察时能客观地、明确地记录目标行为。

以下再以幼儿告状行为为例，说明观察者采取描述叙事记录时，如何将事件发生的因果以及历程等用文字详加描述，并进一步依据描述所得进行分析与解释。

【示例三】描述叙事记录格式一

观察主题：幼儿告状行为　　　　　　　　　　　　告状者：于　欣
观察者：A老师　　　　　　　　　　　　　　　　观察日期：2006.5.5

时间	事件描述	分　　　析
10：10	角落活动时，尹珊左看右看，最后选择了语文角，语文角内已有五位幼儿，尹珊是最后一位进入语文角的。尹珊走到书架前，将书架里的绘本一一拿起又放下，尹珊就这样重复了好几次，仍然没有拿起任何一本书。于是尹珊转了个身，看到坐在一旁的于欣手上的绘本，便伸出手将它拿了过来。于欣立刻站了起来，将尹珊手上的书抢了回来，不一会儿，尹珊又抢了过去。 　　于欣跑到老师处告状，说："老师，尹珊抢我的书！"老师回问于欣，说："为什么尹珊会抢你的书呢？"于欣回答说："我也不知道，我在语文角看书，尹珊走过来就把我在看的书抢走了！"老师回答说："是这样呀！你可以帮我请尹珊过来，我来问她为什么要抢你在看的书。"于欣答说："好！"便走向语文角的尹珊，然后对尹珊说："尹珊，老师找你。"尹珊不理会于欣的话，继续看着从于欣手上拿来的绘本。于欣重复一次："尹珊，老师找你。"但尹珊仍然没有回应于欣的话，继续看着手上的绘本。 　　于欣就又跑到老师处，说："老师，我跟尹珊说老师找她，可是她都不理，也不回答我，然后一直看我的那本绘本。"老师回答于欣说："是这样呀！那我过去问她！"于是老师起身走向语文角的尹珊，于欣跟随在后。	从观察记录资料中可以得知，于欣的告状行为是因为受到他人的欺侮，以至于产生了因为"物品争夺"的告状行为，但就此告状行为而言，于欣并不是为了要取得老师更多的注意，而是希望老师能够帮忙解决问题。同时于欣更是因为自己无法解决问题，所以必须请出有权威的老师出面来帮忙解决。 　　在这个例子中，必须先了解尹珊抢书的动机，是书籍提供不够多元所造成的，还是尹珊个人因素所造成的。尹珊的个人因素可能包括：尹珊希望引起他人的注意而做出了抢书的行为。若是因为书籍提供不够多元的原因，老师就必须检讨是否需要增加语文角内的图书量或使之更多元化。如果是尹珊的个人因素导致抢书，老师就必须进一步地与尹珊沟通对话，了解她为什么要抢别人正在看的书。 　　单就抢书事件来分析的话，如果尹珊单纯只想看于欣正在阅读的这本书，那么，有可能是教材教具提供不足、不够多元丰富所致。若不是因为"书"这个物品的话，则考虑尹珊抢书是否受个人情绪所影响。个人情绪又可分为因为情绪不佳找人出气，以及因为尹珊就是讨厌于欣，所以针对于欣下手。 　　是因为尹珊讨厌于欣，所以就要抢于欣正在看的书，捉弄于欣呢，还是尹珊随机捉弄一位幼儿，只因为好玩或想要引起别人注意？ 　　这时，尹珊的捉弄对象就有两种可能，一是特定对象，如特别讨厌的人，二是不特定的随机对象，目的在于引起老师或他人的关心和注意。概略推论尹珊的动机后，老师就必须寻求适切的辅导策略来协助尹珊改变不好的行为。

(续表)

时间	事件描述	分析
		上述这些可能因素，都必须在分析时一一列出，然后再回过头来检视观察记录资料，从中寻求佐证的资料。若没有足够的佐证资料，则观察者或老师就必须依照上述分析的可能因素，再次对尹珊进行观察，辅导尹珊改变行为，同时也可以解决于欣的告状行为问题。

【示例四】描述叙事记录格式二

观察主题：幼儿告状行为　　　　　　　　　　　　告状者：于　欣
观察者：A老师　　　　　　　　　　　　　　　　观察日期：2006.5.5

时间		
	10：10—10：50	
事件描述	角落活动时，尹珊左看右看，最后选择了语文角，语文角内已有五位幼儿，尹珊是最后一位进入语文角的。尹珊走到书架前，将书架里的绘本一一拿起又放下，尹珊就这样重复了好几次，仍然没有拿起任何一本书。于是尹珊转了个身，看到坐在一旁的于欣手上的绘本，便伸出手将它拿了过来。于欣立刻站了起来，将尹珊手上的书抢了回来，不一会儿，尹珊又抢了过去。 　　于欣跑到老师处告状，说："老师，尹珊抢我的书！"老师回问于欣，说："为什么尹珊会抢你的书呢？"于欣回答说："我也不知道，我在语文角看书，尹珊走过来就把我在看的书抢走了！"老师回答说："是这样呀！你可以帮我请尹珊过来，我来问她为什么要抢你在看的书。"于欣答说："好！"便走向语文角的尹珊，然后对尹珊说："尹珊，老师找你。"尹珊不理会于欣的话，继续看着从于欣手上拿来的绘本。于欣重复一次："尹珊，老师找你。"但尹珊仍然没有回应于欣的话，继续看着手上的绘本。 　　于欣就又跑到老师处，说："老师，我跟尹珊说老师找她，可是她都不理，也不回答我，然后一直看我的那本绘本。"老师回答于欣说："是这样呀！那我过去问她！"于是老师起身走向语文角的尹珊，于欣跟随在后。	
分析	从观察记录资料中可以得知，于欣的告状行为是因为受到他人的欺侮，以至于产生了因为"物品争夺"的告状行为，但就此告状行为而言，于欣并不是为了要取得老师更多的注意，而是希望老师能够帮忙解决问题。同时于欣更是因为自己无法解决问题，所以必须请出有权威的老师出面来帮忙解决。 　　在这个例子中，必须先了解尹珊抢书的动机，是书籍提供不够多元所造成的，还是尹珊个人因素所造成的。尹珊的个人因素可能包括：尹珊希望引起他人的注意而做出了抢书的行为。若是因为书籍提供不够多元的原因，老师就必须检讨是否需要增加语文角内的图书量或使之更多元化。如果是尹珊的个人因素导致抢书，老师就必须进一步地与尹珊沟通对话，了解她为什么要抢别人正在看的书。	

(续表)

分析	单就抢书事件来分析的话，如果尹珊单纯只是想看于欣正在阅读的这本书，那么，有可能是教材教具提供不足、不够多元丰富所致。若不是因为"书"这个物品的话，则考虑尹珊抢书是否受个人情绪所影响，个人情绪又可分为因为情绪不佳找人出气，还是因为尹珊就是讨厌于欣，所以针对于欣下手。 　　是因为尹珊讨厌于欣，所以就要抢于欣正在看的书，捉弄于欣呢，还是尹珊随机捉弄一位幼儿，只因为好玩或想要引起别人注意？ 　　这时，尹珊的捉弄对象就有两种情况，一是特定对象，如特别讨厌的人，二是不特定的随机对象，目的在于引起老师或他人的关心和注意。概略推论尹珊的动机后，老师就必须寻求适切的辅导策略来协助尹珊改变不好的行为。 　　<u>上述这些可能因素，都必须在分析时一一列出，然后再回过头来检视观察记录资料，从中寻求佐证的资料。若没有足够的佐证资料，则观察者或老师就必须依照上述分析的可能因素，再次对尹珊进行观察，辅导尹珊改变行为，同时也可以解决于欣的告状行为问题。</u>

【示例五】描述叙事记录格式三

观察主题：幼儿告状行为　　　　　　　　　　　　　　告状者：于　欣
观察者：A 老师

日期	时间	地点	事　件　描　述	告状行为 原因分析	备注
5/5	角落 活动 10：10	语文角	角落活动时，尹珊左看右看，最后选择了语文角，语文角内已有五位幼儿，尹珊是最后一位进入语文角的。尹珊走到书架前，将书架里的绘本一一拿起又放下，尹珊就这样重复了好几次，仍然没有拿起任何一本书。于是尹珊转了个身，看到坐在一旁的于欣手上的绘本，便伸出手将它拿了过来。于欣立刻站了起来，将尹珊手上的书抢了回来，不一会儿，尹珊又抢了过去。 　　于欣跑到老师处告状，说："老师，尹珊抢我的书！"老师回问于欣，说："为什么尹珊会抢你的书呢？"于欣回答说："我也不知道，我在语文角看书，尹珊走过来就把我在看的书抢走了！"老师回答说："是这样呀！你可以帮我请尹珊过来，我来问她为什么要抢你在看的书。"于欣答说："好！"便走向语文角的尹珊，然后对尹珊说："尹珊，老师找你。"尹珊不理会于欣的话，继续看着从于欣手上拿来的绘本。于欣重复一次："尹珊，老师找你。"但尹珊仍然没有回应于欣的话，继续看着手上的绘本。	B	

日期	时间	地点	事件描述	告状行为原因分析	备注
			于欣就又跑到老师处，说："老师，我跟尹珊说老师找她，可是她都不理，也不回答我，然后一直看我的那本绘本。"老师回答于欣说："是这样呀！那我过去问她！"于是老师起身走向语文角的尹珊，于欣跟随在后。		

说明：告状行为原因代码：A=肢体冲突；B=物品争夺；C=欺侮他人

【示例六】描述叙事记录格式四

观察主题：幼儿告状行为　　　　　　　　　　　　　　　　　　　告状者：于　欣

观察者：A老师　　　　　　　　　　　　　　　　　　　　　　　　观察日期：2006.5.5

时间	事件发生前	事件	事件发生后	分析
10：10	角落活动时，尹珊左看右看，最后选择了语文角，语文角内已有五位幼儿，尹珊是最后一位进入语文角的。尹珊走到书架前，将书架里的绘本一一拿起又放下，尹珊就这样重复了好几次，仍然没有拿起任何一本书。	于是尹珊转了个身，看到坐在一旁的于欣手上的绘本，便伸出手将它拿了过来。	于欣立刻站了起来，将尹珊手上的书抢了回来，不一会儿，尹珊又抢了过去。	
10：30				
备注				

【示例七】描述叙事记录格式五

观察主题：幼儿告状行为　　　　　　　　　　　　　　　　　　　告状者：于　欣

观察者：A老师

观察日期：2006.5.5　　　　　　　　　　　　　　　　　　　　　观察时间：10：10

	描　　述	备注
事件发生前	角落活动时，尹珊左看右看，最后选择了语文角，语文角内已有五位幼儿，尹珊是最后一位进入语文角的。尹珊走到书架前，将书架里的绘本一一拿起又放下，尹珊就这样重复了好几次，仍然没有拿起任何一本书。	
事件	于是尹珊转了个身，看到坐在一旁的于欣手上的绘本，便伸出手将它拿了过来。	
事件发生	于欣立刻站了起来，将尹珊手上的书抢了回来，不一会儿，尹珊又抢了过去。	
教师回应		
分析		

关于描述叙事记录的格式可依观察者的习性或记录分析的便利性等，对格式内容进行添删或微调。当观察者逐渐习惯采用描述叙事记录方式时，其惯用的记录格式也将逐渐定型，甚至成为个人观察或研究的特色。

第四节　记录分析

持续观察目标行为一段时间之后，观察者已搜集到有关目标行为的信息和资料，这些信息和资料必须进一步地再利用，才不会使得观察和记录中途而废，甚至无疾而终，从而让观察和记录发挥最大的功效。因此，在观察目标行为一段时间之后，观察者必须消化和整理前段时间所观察和记录的目标行为信息和资料，并依据现有的理论或观察目的进行分析和解释，进一步地提供解决方案和办法。

观察记录要如何分析呢？分析时需掌握哪些要领？记录分析过后，记录资料又该如何处置呢？以下拟就观察记录资料的分析原则以及其存取与公开等，将记录资料的应用进行说明。

一、观察记录资料的分析原则

为使记录资料的意义得以完整呈现，在分析记录资料时，应秉持的原则主要有五，兹分述如下：

（一）根据行为发展理论解释行为

观察者在解释目标行为的发生时，必须依据行为理论或发展理论来进行解释，不得依照个人的认知或观点草率下结论，以避免造成幼儿的身心伤害。

（二）依据持续的观察记录进行行为判断

观察者不能仅以一次的观察记录就将幼儿的行为定性为反社会行为或违反社会规范的行为，这是以偏概全、不够客观且过于武断草率的。观察者必须依据持续的观察记录，整理出行为发生的模式以作为进一步辅导的参考依据。观察者必须累积几次或一段时间的观察记录资料，来作为解释目标行为的佐证资料。

（三）分析解释的态度应客观谨慎

虽说一再叮咛观察者必须保持客观的态度和精神，但终究难免有因个人因素而固执己见或判断错误的时候，此时，观察者于分析资料时，就必须再次以旁观者的角色来审视这些观察记录资料，从第三者的角度和观点来看这些观察记录是否具有客观性，是否受到观察者当下的情绪或需求的影响而得不到客观的判断。

（四）应顾及事件发生的情境因素

在进行分析解释时，观察者除了在观察记录资料中找到目标行为的关键字外，仍必须多关注一些目标行为的关键字出现的情境背景，借以了解目标行为的发生乃是由哪些特定的情境因素所造成的，倘若这些情境因素不存在的话，目标行为也不至于会发生。所以单从目标行为的发生或出现来解释该幼儿的行为模式是一件非常危险的事，不但是一种误判，也容易对幼儿造成难以抹灭的伤害。

（五）借由观察记录资料来佐证

观察者在观察前或观察时，对于观察主题总会有许多的假设，观察的目的即为这些假设提供证据来解释答案。所以观察者或老师不应以直觉判断目标行为的出现只因眼前因素所引起。当观察者有这样的直觉反应时，更应该在观察记录资料内找寻可供解答的线索，为答案找寻最好的佐证资料。

二、观察记录资料的存取与公开

当记录资料的分析与解释暂告段落后，妥善地保管记录资料亦是观察者的重要职责，这不只代表对观察对象隐私的尊重，也是尽职的研究者应有的研究态度与表现。

当存取记录资料或因研究需将记录内容公开时，观察者应掌握下述原则：

（一）重视幼儿隐私与研究伦理

近来，伦理议题受到多方的重视，个人愈来愈重视个人的隐私与权益。因此，当观察者或老师欲呈现观察记录时，就必须考量伦理议题。有关伦理考量的做法如下：

1．以假名代称

观察记录资料中的姓名，一律以假名代称。

2．征求同意

观察前或公开资料时，都必须经过当事人（若为幼儿，则为法定监护人）的同意，才能开始进行观察或公开观察记录资料。

3．诚信原则

若为研究所需，宜于观察前签立"观察同意书"，依据观察同意书中的协定，观察记录资料仅以观察同意书中的观察目的为原则，若需挪为他用或公开观察记录资料，必须再次征求当事人的同意。

（二）观察资料去芜存菁

观察记录的目的是帮助观察者或教师解决课室内或幼儿的个别问题，为了提供问题解决的详细资料，对于事件发生的过程可以说是巨细靡遗地收录，因此，其中部分内容可能牵涉个人隐私。由于所有的观察记录资料都是保密的文件，呈现内容亦应考虑场合或公开对象的接受程度等，观察者若要以观察记录资料来作为公开或与家长沟通和佐证的资料时，部分内容宜删除或精简，避免家长无法接受事实而造成困扰。

（三）班级观察记录可归档至学习成长档案

班级幼儿的观察记录资料虽为教师所记录，但该等记录仍属于幼儿所有；此外，幼儿的观察记录资料亦可成为幼儿发展的重要佐证。建议可将观察记录资料稍作整理，去除部分不宜公开的部分，然后归档至幼儿个人的学习成长档案，让家长可以借由学习成长档案，得知幼儿的学习表现。

（四）记录内容可适度作为亲师沟通的佐证资料

幼教老师可于学校日、教学观摩日、家长义工等提供家长参与学校教育的机会时，或在向家长提供有关亲职教育和子女教养方面的新知和信息的亲子活动或亲职教育研习中，将平日努力且用心观察和记录各幼儿的学习表现或发展状况的相关具体资料或数据资料提供给家长，让家长了解子女在幼儿园的表现以及目前的发展现况。但呈现的内容应考虑场合的适切性或家长的接受程度等，适时说明教师进行观察与记录的原因，并就呈现内容作必要的删修。

思考作业

1. 何谓事件取样观察法?
2. 事件取样观察法有哪些特性?
3. 事件取样观察法有哪些优缺点?
4. 事件取样的实施程序有哪些?
5. 参与观察可依观察者的参与观察活动程序分为哪几类?
6. 事件取样的记录方法可分哪几类?
7. 观察记录的存取与公开应注意哪些原则?
8. 试以事件取样方法观察记录一名幼儿的行为。

第六章　轶事记录
邱琼慧

本章概要

第一节　方法概述

第二节　观察与记录

第三节　示例探讨

第四节　记录分析

什么叫做轶事记录？

什么时候要用轶事记录？

轶事记录要用在什么地方？

轶事记录要怎么进行？

轶事记录要记些什么？

我要以什么身份来记录？

轶事记录有没有一定的格式？我可以自行设计吗？

轶事记录有什么优点？

轶事记录有什么缺点？

本章将分为四个小节来探讨轶事记录，首先是"方法概述"；其次是"观察与记录"，探讨观察程序和记录时点；再次为"示例探讨"，以示例说明方法的实际应用；最后是"记录分析"，探讨资料的诠释以及分析。

第一节　方法概述

一、何谓轶事记录

所谓轶事记录，指观察者在不刻意安排的自然情境中，将重要事件或感兴趣的事件发生的经过和情境，以文字描述的方式进行记录。事件发生的经过包括了事件发生前后的因果关系和来龙去脉，事件发生的情境则包括了事件发生时，周围人、事、物的互动情形和应答对话等。

由于轶事记录期望能以科学的方法，获得充分的信息以利观察者进行后续的判断，故事件记录必须迅速正确、详实客观，尽可能排除个人主观偏见，对事件的描述不宜多加修饰或增添个人的意见和看法。同时，为利于了解行为的发生脉络，观察者必须依时间顺序将观察脉络中发生的事件或观察对象的行为简要地记录。

由于轶事记录需耗费较多的文字记录，应用在教室观察时，教师必须斟酌能力及可用的时间。但轶事记录可就特定事件提供丰富的文字信息，颇值得教师用于班级的幼儿行为记录。如何让教师更安心地拥有充分的支持进行轶事记录，值得幼儿园予以正视。

二、轶事记录的特性

轶事记录的发展已久，许多研究者习用本法进行研究，且在教育现场，此等方式对了解幼儿的行为表现颇具助益，故常见现职教师应用于幼儿行为观察或进行行动研究。

古德温（Goodwin）和德里斯科尔（Driscoll）（1982）曾举出了轶事记录的五个特性（刘慈惠等译，2002，p.109）：

（一）直接观察幼儿，而不以道听途说为记录的根据；

（二）针对某特殊事件作迅速、正确和详细描述的记录；

（三）提供了幼儿行为发生的前后关系，说明了行为的背景及情境，这种前后关系包括了幼儿或其他参与者所说的话；

（四）如果观察者要做任何推论或解释，则无须再作客观的叙述，因为记录本身已非常清晰；

（五）所观察的行为可以是一般的或特殊的行为，如果是特殊不常见的行为则须作说明。

关于轶事记录的特性，兹将学者的观点汇集有七，分项说明如下：

（一）低结构

轶事记录是一种低结构的观察记录法。所谓低结构性，乃指于观察前可不预先研拟有系统的观察计划；同时也由于没有对观察情境的严谨设定，属于非正式的观察法。观察者无须在观察前事先安排特别的观察情境，而是在自然情境中，针对观察主题或感兴趣的事件进行观察。

（二）弹性化

轶事记录在使用上非常具有弹性，包括观察者要观察什么，要记录什么，要记录多么详细，什么时间记录，多久记录一次，在哪里记录等，都依观察者的实际需求而定，并没有一定的规定或标准。亦即轶事记录可较不受任何人、事、时、地、物的限制和影响。

轶事记录的使用虽然颇具弹性，但因为使用文字描述的方式来记录所观察到的行为或事件，不论记录工作还是事后的分析工作都相当耗时耗力，这是轶事记录的缺点之一。

（三）不受限于人事时地物

依感兴趣的事件加以观察和记录，观察者本身即是最主要的工具，在应用时，轶事记录可较不受人、事、时、地、物的限制。例如：可用于观察一名或多名幼儿，或观察幼儿的进食行为、如厕行为、争吵行为，或特殊行为，还可观察幼儿在晨光活动时间、角落活动时间，或团体活动时间的行为表现。前述事件或行为都可能发生于教室内或教室外，观察者只要发现感兴趣的事件或行为出现，便可以使用观察表格或是便条纸加以记录，在使用上相当便利。

举例言之，观察者若有意观察幼儿或教师在幼儿园内的教学活动，包括幼儿的学习状况以及行为表现、教师的教学课程设计等，无论是在教室内的角落学习区、户外活动或校外教学，只要观察者具备纸和笔，就可将师生互动、幼儿间的社会互动行为、全班或单一幼儿的学习状况等，逐一详细地记录下来，当观察与记录逐渐累增且有一定规模后，便可加以分析，以便作为进一步辅导或教学改进的参考。

（四）内容弹性

轶事记录的内容可以包括幼儿目前的发展现况、行为表现或教室内所发生的重要事件等，记录内容依行为发生的状况随时修正，具有颇大的弹性。例如：对于幼儿发展现况的轶事记录可以进行如下："五个月大的子逸会趴着用脚一蹬向前进，而且活动力强，只要一平躺在床上，便会立刻翻身往前爬行。""十个月大的德瑜会模仿成人的说话发音。"或亦可记录幼儿特殊行为，如："函容非常热心担任午餐服务生，为其他幼儿服务、舀汤和盛饭。"又如重要事件的记录可包括偶发的事件，如："在积木角活动时，育成因为益豪抢了他的积木而出手打人，这是育成第一次出现打人的攻击行为。"只要观察者感兴趣的事件或内容出现便可加以观察及记录，在内容方面具有颇大的弹性。

（五）时间弹性

关于轶事记录的时间，可视观察者的实际情形酌予调配，在应用的时间方面具有不小的弹性。

例如：在幼儿园里，老师可利用作息时间表上的时间规划观察和记录工作的时间，如：预定于到园准备时间、晨光活动时间、主题活动时间，或角落探索时间等，观察和记录幼儿的学习行为表现，以分析幼儿于该活动时间内的学习情况。

又如：教师可利用到园准备时间，观察幼儿的部分生活自理能力，如进教室前，能否脱鞋并将鞋放置于标示自己名字或编号的鞋柜内，能否换上室内鞋进入教室，能否将书包放置于个人置物柜内，能否将外套脱下折好或用衣架吊好后放到衣柜内等。待前述观察进行一段时间后，再汇整观察资料比较分析，即可得知幼儿刚入园时和入园一段时间后的生活自理能力表现的落差程度，了解幼儿生活自理能力是否提升，是否需要再加强生活自理能力训练，以作为下一阶段幼儿生活自理能力目标设定和进一步辅导与强化的参考依据。

（六）空间弹性

在应用的空间方面，轶事记录并没有多大限制，观察者可视需要在任一情境为之。例如：教室内、教室外的各种学习活动都可以列为观察的范畴，而教室内的观察，如幼儿的社会互动行为、幼儿的进食行为、幼儿的告状行为或幼儿的认知学习表现，是一般幼教老师较常关注的主题。另一方面，教室外学习活动的观察，亦是极为常见的。又如：在强调与自然互动学习的今日，在动物园、植物园的校外教学，园内游乐器具的使用等活动中，幼教老师也可视需求应用轶事记录，相当便利。

（七）能提供详细信息

以幼儿学习为例，轶事记录能提供幼儿发展与学习状况的详细信息，可说是为幼儿的发展与学习提供一个全貌让教师了解。教师可借由幼儿行为表现的轶事记录，了解幼儿在发展上或学习上的实际现况以及变化的情形。由于轶事记录描述的信息丰富且多元，教师可将其作为辅导或课程设计的参考依据。

承前述，教师只要对任一名幼儿或者任一个小组的行为表现感兴趣，就可运用轶事记录进行观察。同时教师可以不受限于场所、情境，只要有简单的纸笔，就可以将观察到的幼儿行为表现记录下来。

三、适用时机

由于使用的便利及弹性，轶事记录常用在观察者对于观察行为或事件不甚确定之际，观察者可在实际情境中，等待或选择观察的对象。前述的方法概述中曾经提及，观察者于观察情境中，看到感兴趣的事件或行为，或对某名观察对象有兴趣，可随时使用轶事记录进行观察。此外，轶事记录亦可用于事先有规划的情况，依计划的时机加以应用。

若依观察前是否有计划、有系统，或是实际应用是否随机等，大略可将轶事记录的适用时机分为两类：一是有计划的系统观察（结构式观察），二是随机式的观察（非结构式观察）。

（一）有计划的系统观察

以班级而言，有计划的系统观察乃指想要了解全班幼儿的发展现况，但并无特定想要观察的行为，因此以轶事记录来观察和记录每一名幼儿，并记录每一名幼儿的特殊行为表现或发展现况。这样于观察前先想好要观察对象（例如：想观察全班幼儿，分别从一号到三十号依序观察），但却没有特定的观察目标（只要A幼儿有特殊的行为表现，便予以记录）。

采用有计划的系统观察方式，观察者于观察前要计划好将观察哪些对象，或是欲观察特定对象的任何行为。以班级为例，因为带班教学的关系，教师必须对全班的幼儿有所认识与了解，若发现其中某名幼儿或一些幼儿的特殊行为时，再进一步地选用事件取样或观察取样来进行更深入的观察，以便了解该特殊行为，或特别针对某名幼儿的行为表现有更深入的了解与认识，以作为辅导与协助的参考依据，亦较符合经济效益。

例如：某位教师初步了解了班上幼儿的行为表现后，对班上的如萍（假名）非常有兴趣，想要进一步地了解如萍的发展现况和行为表现，因此，便锁定观察如萍在幼儿园内的行为表现，借以了解如萍的发展现况，并与发展理论对照比较，分析如萍的发展现况是否符合发展常模。就前例而言，原先有计划的系统观察犹如第一道筛选程序，让教师了解或便于选择进一步观察的个案；有了这个程序，教师不仅对全班幼儿发展有所认识，更有益于挑选个案进行后续观察。

（二）随机式的观察

随机式的观察指观察者不事先预设要观察哪些幼儿，而是在教学活动之余，觉察到某位幼儿有特殊的行为表现，或班级内有特殊的教学情况时，方予以记录。这种不事先设定观察对象或观察行为，观察者发现有兴趣或特殊的事件或行为而使用轶事记录，便属随机式的观察。

在随机式的观察中，观察者对于观察对象或行为并没有在事前作整体的规划，而仅依据教室内的实际状况确定观察对象后，便记录教室内幼儿的行为表现。这样的做法适用于一般想要了解班级幼儿的发展或行为表现的概况，随时观察随时记录的情况，只要观察者认为有兴趣或重要的行为或事件就将之记录下来。

四、轶事记录的优点

轶事记录的发展已有历史，研究者或教师常用此法进行观察与记录。相较于其他的观察方法，轶事记录的优点可归结有四，兹分述如下：

（一）观察者无须安排特别情境，便可进行观察；

（二）所记录的信息资料，可以不断地重复再利用；

（三）轶事记录对于新手教师也容易应用；

（四）教师使用轶事记录可以同时保有观察者和参与者的角色。

五、轶事记录的缺点

轶事记录虽有着便利应用的特性，但实际应用时，仍存在下述三项缺点亟待克服：

（一）观察者必须自行决定要记录什么行为；

（二）观察者易受先入为主的主观判断影响，记录主观资料；

（三）观察者若不熟悉观察方法的话，易记录偏离主题的资料。

对于研究者或观察者而言，了解各种方法的内涵及应用时的优缺点，是选择观察方法之前的必要课题。前述轶事记录的内涵介绍，可作为观察者选用方法的参考；至于轶事记录的实际应用程序或步骤，将于第二节详予论述。

第二节　观察与记录

本节将探讨轶事记录的观察程序和记录步骤。首先介绍轶事记录的观察程序，其次介绍记录的要素与技巧。

一、观察程序

轶事记录并没有绝对的观察程序和步骤，一般而言，轶事记录的观察程序和记录步骤可以归结有七，兹分述如下：

（一）确定观察目的

轶事记录的记录方式有随机观察和系统观察两种，但基本上轶事记录旨在对观察对象或观察者感兴趣的行为或事件，以简短的文字描述记录。就随机观察的轶事记录而言，其观察目的可能在于了解不特定的观察对象、行为或事件，以作为进一步观察的参考。但就系统观察的轶事记录而言，观察者于事前已概略规划所要观察的对象、行为或事件，其观察目的在于了解某些特定的观察对象、事件或行为的概貌，作为深入观察的切入点。故观察者必须事先确认真正的观察目的，再选择适切的方法。

（二）选定观察情境

观察者在开始观察前，必须选定观察的位置，观察位置的选择因观察者在观察活动中所扮演的角色而有所不同。例如：若是参与观察，则以最自然的互动方式进行，而观察位置亦随实际活动时的需要而移动，并不限制观察位置。若是非参与观察，则以不干扰到观察对象活动的位置为佳。例如：在教室内进行观察时，可在教室里选择较不明显的一角等。

（三）准备观察工具

一般而言，轶事记录至少需要准备纸（观察表格或便条纸）、笔、夹板、盒子等观察工具，兹分述如下：

1. 笔

观察者可以使用目前广为流传的四合一（红、绿、蓝、黑）或三合一（红、蓝、黑）原子笔，或准备数支不同颜色的荧光笔，方便于观察记录时随时变化颜色做记号，事后的整理更清楚容易。

2．纸

观察者若有事先设计好的观察表格，则可于观察现场直接使用。或是观察者有于事后再次誊稿整理的习惯，则可利用如回收纸的空白背面，将其裁剪成大小相同的便条纸，方便取用及现场记录，汇整后再行誊稿。

3．夹板

可利用市售的夹板夹取观察用纸，方便于观察时随处可以做记录，无须受限于桌面的有无。

4．盒子

记录后的观察记录资料可置放于盒子内，然后再利用午睡时间或放学后时间整理，视资料内容亦可归档于各幼儿的个人学习成长档案内。

5．其他工具

依观察者个人所需，使用尺、修正液、橡皮擦等工具。但各项工具应以不突兀，且不宜因而转移观察对象的注意力为宜。

（四）仔细观察，客观记录——观察者就是摄影机

观察者一旦开始观察，就必须于内心警惕自己，现在已进入观察时间，要上紧发条、敏锐神经，随时仔细地观察教室内的幼儿活动情形，一旦有自己认为重要的事件或行为，抑或感兴趣的事件或行为，自己就像是摄影机一般启动电源，然后开始"录像"功能，将事件或行为详实记录下来。既然观察者像摄影机一般，就必须抛开人性中的感性，记录应以拍到的事实详实为准，不添加个人情感感受。

（五）归纳整理

面对逐渐累积的记录资料，系统地汇总及整理将有助于日后的分析与解读。关于资料归纳整理可分为两个步骤来进行，一是每日整理，二是阶段整理，兹将具体操作方式分述如下：

1．每日整理

每日整理有助于及时汇整资料，并免于日后着手庞大资料分析可能遭遇的困难。以班级观察为例，可利用每日幼儿的午睡或放学后的时间，将今日的观察记录资料作初步的整理归档。例如：每日整理阶段，观察者或老师仅是将今日的观察记录作初步的分类，可以将同一天的观察记录资料以幼儿的座号来做排序整理建档；另一做法则可以将今日的幼儿观察记录资料，依姓名一一归档到幼儿的置物柜内，或以

透明 L 形档案夹——分类，先做资料分类汇整。

2．阶段整理

观察者完成阶段性的观察工作并搜集了一段时间的观察记录资料后，利用较完整的时段来完成观察记录资料的统整工作。所谓阶段的划分必须依研究目的而定，若一般性的发展状况观察，可考虑以月为之；若有特定行为的观察，则可依行为改变的情况划分阶段。

（六）诠释分析

观察和记录一段时间后，将这段时间内所搜集到的观察记录资料加以整理分析，厘清自己对观察对象的疑虑与疑问，进而适切地分析和解释，亦即将幼儿的轶事记录汇整进行比较分析。

轶事记录的资料分析，可依据行为的类型、社会游戏的类型、认知发展的层次、或情绪模式、幼儿年龄等来加以整理分类。任何分类方式除顾及分析的便利性外，亦应回应观察目的，以期诠释分析能真正释疑，并对观察对象的行为做出适切的诠释。

（七）沟通辅导

经由对观察记录资料的分析和解释，若发现幼儿的发展或行为有违发展常模，或出现异常现象，观察者或教师就必须寻求适切的解决策略，辅导观察对象改变行为，或协助观察对象发展至适切的发展现况。若出现非观察者或教师的能力所及或非专业范围内的问题，观察者或教师就必须转介给专业机构或单位，同时应寻求家长的协助，以便使观察对象得到良好的照护。

二、观察情境描述

轶事记录的情境可能涵盖的范围相当广阔。在教育研究中，轶事记录常以校园为场景，观察情境若以被观察者为主体作区分，可以分为教室内和教室外的轶事记录。由于观察对象行为和情境间的关联极高，故观察者进行轶事记录时，对于情境的理解与描述便相当重要。兹以教室内、教室外作为区分，说明观察情境的描述如下：

（一）教室内的情境描述

教室内一天的作息内容相当多元，为清楚地呈现教室内的情境原貌，观察者可以时间为切点，分别描述不同时间内的教室情境。若将作息时间表的时间规划作为观察时间的分割点，可分成晨间活动、点心时间、主题活动、学习角落、午餐时间、说故事时间、点心时间等，分别加以观察及记录。

当观察者择定观察时间后，便可依观察目的进行情境内容的描述。可依各班的角落规划选择观察地点进行轶事的观察和记录。一般教室内常见的角落学习区包括语文角、娃娃角、美劳角、益智角、科学角、观察角等，各班亦因实际课程所需而设置特殊的角落学习区，观察者可依不同角落的区隔，分别加以观察与记录。兹例举说明如下：

【轶事记录一】语文角的情境描述

吃完午餐后，筱瑜收拾了餐具后，就往语文角走去，从书架上拿了一本绘本之后，就在语文角内的一角坐了下来。筱瑜无视三四位幼儿在身旁走动，仔细地翻阅手上的绘本，嘴角露出了浅浅的微笑。

【轶事记录二】餐点活动的情境描述

十一点十分左右，厨房阿姨陆续将中午的餐点送进教室里。阿姨每进一次教室，家豪就从座位上抬起头来看一次阿姨手上的盘子。家豪探了几次头，观看阿姨送来的饭菜。

【轶事记录三】主题活动的情境描述

团体讨论时，老师的手放在背后，然后发问："小朋友，你们猜猜看我后面有什么东西？""我知道！""不知道。"各种回答出现在教室内。"那我请宛瑜说说看。"老师说。"树皮。"宛瑜回答说。"答对了！宛瑜，你真棒！""为什么你会猜到是树皮呢？"老师接着问。"因为老师刚才在准备的时候被我看到了！所以我就知道了呀！"宛瑜答说。"那有没有小朋友知道，为什么老师今天会带树皮来？"老师又问。"因为我们要上树呀！"启明没等老师请他说话，就脱口而出了。"什么上树啊？"连宇重复地说了一遍，接着就哈哈大笑。顿时，全班也一起大笑了起来。这时，启明的脸通红，马上低下头趴在桌上。老师回答启明说："没错，我们今天就是要上树，所以老师带了几个树皮，要小朋友帮我分分看，它们分别属于哪一种树？"其他的幼儿的笑声仍未停止。

（二）教室外

只有部分行为发生的情境为教室外，许多幼儿的行为可能同时在教室内、外出现。教室内、外情境不同，引发孩子行动的因素也各异。就某些行为观察记录而言，若能描述幼儿在多元情境下的表现，对于理解幼儿行为的全貌当更有助益。一般而言，幼儿园的教室外空间常规划有植物观察区、动物饲养区、游乐器具区、体能游戏区等，观察者可依目的择定观察情境作深入描述。试以植物观察区为例，说明观察轶事记录内容如下：

"今天，我们要到植物观察区去看看我们种的蔬菜。"老师说。亚闻立即接着老师的话说："好棒喔！我等一下要抓蚯蚓。"接着老师提醒幼儿："每位小朋友要仔细观察喔！把你观察到的画在画纸上。"于是全班幼儿被带到植物观察区，幼儿们一下子散了开来，纷纷向自己种的植物走去。益民仔细观察了自己种的菠菜说："长出小芽了！老师，我的菠菜长出小芽了！快点来看！"益民边笑边跳地说着。

三、观察工具

观察者在进行观察前必须准备充足的观察与记录工具，以便观察工作能够顺利进行。轶事记录没有统一的观察表格或量表，但为了简化事后的资料整理工作，建议观察者可于观察前草拟轶事记录观察表格，便于在观察工作中或观察工作结束后分析记录资料。常用的观察及记录工具如下：

（一）背胶标签纸

建议使用 5×2 规格（10格）的标签纸。教师可利用电脑事先打印一些必须记录的要素，如幼儿姓名、年龄、观察日期、情境描述、事件描述等，实际记录时可直接取贴，节省记录时间。

（二）便利贴

除常态记录外，观察过程中可能出现突发事件，或观察者对观察对象的行为发生有立即性感想等，均可先以便利贴记录并贴于适当的记录纸栏位。

（三）图书目录卡

图书目录卡的大小便于取用，且可不断地增减张数，教师可广泛应用。或将A4纸裁成四小张并打孔整理，每一小张记录一名幼儿的重要事件，亦便于资料管理。

（四）记录用纸

除前述便利工具外，观察者还需决定记录用纸。为便于记录且顾及环保，记录用纸的选择建议有二：

1. 使用事先设计的表格

观察者可以于观察前设计简单的表格，并于表格内区分观察到的事实描述和事后的分析解释，此部分可以用电脑软体（如word、excel）事先绘制及套印，汇整备用。

2. 使用便条纸或回收纸

为节省资源，观察者可利用便条纸或回收纸，在纸上先用笔简单地划分要记录的事实描述和分析解释的位置；或待观察内容更加确定后，再于记录用纸上记录。于记录时，观察者使用特殊关键字或记号来区分重要的行为。

四、记录时点（记录方式）

使用轶事记录时，什么时候是合适的记录时点呢？对于教师进行班级幼儿轶事记录而言，由于教师必须带班教学，在教学过程中必须持续与幼儿互动，所以教师仅能利用教学空档时间观察幼儿行为表现并做一些简单快速的笔记，或者于教学活动结束后，尽快将所观察到的幼儿行为表现付诸文字记录。一般而言，依记录时间来分的话，观察者可以在行为发生时或是在行为发生之后记录，亦即事件发生时的即时记录和事件发生后的回顾记录。

（一）即时记录

轶事记录是将幼儿的行为表现原景重现，还原观察时的当下情境，所以幼教老师必须在非常自然而且没有任何事先安排的情境下，记录自己所看到的、听到的幼儿各种行为表现。即时记录时，教师在观察的同时必须与幼儿持续地互动，教师仅能用摘要的方式来记下笔记，然后于课后尽快地加以整理，使之成为可分析利用的有效资料。

（二）回顾记录

即时记录常受到情境限制而有所调整或改变。教师通常因为带班教学的关系，即使在示范教学的过程中看到或听到幼儿的行为表现，却没有办法立即将所观察到的幼儿行为记录下来，只能加以默记或俟机快速记录，且往往须在课后时间，重行回顾行为发生的情境和幼儿的行为表现。回顾记录须即时为之，否则延宕过久，往往会有记忆模糊或断续记录的情况出现。

五、记录的要素

轶事记录的目的是了解观察对象的特殊、重要或者有趣的事件或行为，因此，为了进一步分析时能提供更明确的信息，记录时宜掌握六W要素，一一对行为或事件出现的情境详加描述。所谓六W要素包括：观察对象的基本资料（姓名、年龄、性别、家庭背景（必要时），who）、观察时间（日期、时间，when）、观察情境（地点、情境描述，where）、观察动机（为什么观察，why）、观察主题（观察什么，what）、观察方法（观察方法及记录方法，how）等，观察者若要提醒自己不要遗漏记录，可在记录纸上预先列出要素如下：

（一）观察对象的资本资料（姓名、年龄、性别、家庭背景（必要时））；

（二）观察动机（观察的理由）；

（三）观察主题（观察的主题说明）；

（四）观察时间（日期、时间）；

（五）观察情境（地点、情境描述）；

（六）观察方法（观察及记录方法的描述）；

（七）事件描述（轶事描述）。

六、记录技巧——客观、详实、依序、简要

进行轶事记录需要不断地实践与揣摩。观察者在进行观察时，必须保持着高度的敏感度，时时敏感于与观察主题相符的重要事件，或可以回答观察问题的事件。观察者在记录时，必须注意只记录自己所看到的、听到的，不施加任何的判断或解释。

有关轶事记录的技巧，学者提出诸多观点及提醒，其中有一个共通点，即轶事记录的内容必须力求客观。所谓客观，指观察和记录，以及事后的观察记录分析等三者都必须客观。观察者应自我警惕避免因先入为主的偏见而影响了对观察对象的客观观察和记录，也就是应避免所谓的"晕轮效应"。观察者容易因为晕轮效应而在观察时对观察对象的行为表现产生选择甚至记录的偏见或偏差。例如：当观察者认定某人总是会做出负面行为的时候，一旦有一天出现正面行为，就容易被忽略了；反之，若某名幼儿总是举止得体，做事井然有序，当某一天他做出了违规的行为时，亦容易被人漠视或忽略。

再举例言之。利融在班上一直是个乖巧听话的孩子。有一天，利融为了拿回自己带来的遥控车，出手抢回明洋拿去的遥控车。但是老师在观察时，可能因为晕轮效应，对利融以抢夺方式拿回自己的所有物视而不见，反而将观察重点放在明洋抢了利融的遥控车上。

观察者在使用轶事记录观察和记录观察对象的行为表现或特殊事件时，若能掌握下列要项，便可确保尽可能详实地记录到与观察主题相符的重要事件：

（一）客观

轶事记录的描述必须要具体、客观，不具评断性。试举例说明如下：

教师想记录筱瑜在娃娃角的行为表现，可能的记录结果如下：

1. 不够客观

筱瑜，4—10（四岁十个月），在娃娃角里，身上穿着白雪公主的衣服，脚上套着高跟鞋，非常高兴地对着我看。

2. 客观

筱瑜在娃娃角里（地点描述），身上穿着白雪公主的衣服，脚上套着高跟鞋（眼睛看得到），眯着眼睛，嘴角上扬地看着我。

前述两则记录，前者加入过多观察者的主观感受，但后者谨守着具体描述的原则，较为客观。
（二）详实
记录除针对观察对象的行为或事件外，是否完整描述观察的情境脉络以还原事实，也是评断记录详实与否的依据。
（三）依序
记录时应依据行为或事件发生的时间，依照发生的时间将行为或事件及其发生脉络顺序记录。
（四）简要
为了节省记录的时间，许多概念或专有名词可以简称或简写，暂以代称或代号的方式记录，再于分析时还原其全称。举例如下：
1．以幼儿姓名的某个字做为代称，陈筱瑜＝瑜、廖家豪＝豪。
2．幼儿年龄以缩减的方式记录，如以四岁十个月＝4-10。

七、记录时的注意事项

为确保观察及记录的正确与客观，观察者除应谨守前述原则外，另应顾及下述记录注意事项，力求真确：
（一）每次以记录一个事件为原则；
（二）轶事记录的内容，必须是没有加以推论的客观事实描述；
（三）记录幼儿行为发生的前因后果，意即行为发生时的情境描述；
（四）事后尽快整理成为可利用的文字资料，以免时间拖得过久容易遗忘或疏漏了事件发生时的经过；

（五）除了文字记录之外，还可放入相关资料的照片，以作为佐证；

（六）记录时，宜将事件描述和分析分隔开来，以方便日后容易判读是幼儿的行为，还是观察者的分析解释。

第三节 示例探讨

一般说来，轶事记录并没有统一的表格规定，观察者可以自行设计方便记录或利于将来分析解释的表格。总的来说，只要根据观察目的，并参照前述的观察程序和记录要领加以分类，便可设计出最适合且方便使用的表格。

本节拟列举轶事记录的实践方法，不同示例采用的观察工具和使用方法略有差异，观察者可依需求选用。其次，另以班级幼儿行为或事件观察为例，列举数项轶事记录适用的表格供参。

【示例一】

一、观察人数：三十名幼儿。

二、观察目的：记录每名幼儿的特殊行为表现，或教师感兴趣的行为。

三、观察工具：使用便利贴、夹板、观察表。

四、使用方法：可利用市售的夹板夹着观察表格，并依观察顺序填上幼儿姓名、观察日期、情境描述、事件记录等。记录一张观察表后，再夹上第二张新的观察表，继续观察和记录下十名幼儿的行为表现。依此类推，每班三十名幼儿，只要用三张观察表即可完成一次轶事记录，事后将每名幼儿的轶事记录归档到个别幼儿的学习成长档案中。由于观察表已有背胶，所以在分类时只要撕下再贴上，即可完成个别幼儿的轶事记录分类，不需要再重新抄写一遍。

【示例二】

一、观察人数：三十名幼儿。

二、观察目的：记录每名幼儿的特殊行为表现，或教师感兴趣的行为。

三、观察工具：使用市售的5×2共10格的标签纸来制作轶事记录表，利用电脑列印统一格式；夹板。

四、使用方法：可利用市售的夹板夹着观察表格，并依观察顺序填上幼儿姓名、观察日期、情境描述、事件记录等。记录一张观察表后，再夹上第二张新的观察表，依此类推。记录完成后，可直接进行资料分析，或将适切的内容放到幼儿成长档案中（标签纸已有背胶，方便转贴），或将同类行为分别汇整，进行个别行为的检视，归到个别幼儿的学习成长档案中。

【表格示例】

为便于记录，观察者若能事先依观察目的或程序等，先行制作记录表格，并于观察前熟悉表格内容或适度演练，对实际的观察与记录将有莫大助益。

表6-1　利用市售5×2标签纸制作轶事记录表

幼儿姓名： 情境描述： 轶事描述：	日期： 时间：	幼儿姓名： 情境描述： 轶事描述：	日期： 时间：
幼儿姓名： 情境描述： 轶事描述：	日期： 时间：	幼儿姓名： 情境描述： 轶事描述：	日期： 时间：
幼儿姓名： 情境描述： 轶事描述：	日期： 时间：	幼儿姓名： 情境描述： 轶事描述：	日期： 时间：
幼儿姓名： 情境描述： 轶事描述：	日期： 时间：	幼儿姓名： 情境描述： 轶事描述：	日期： 时间：

（续表）

幼儿姓名： 情境描述： 轶事描述：	日期： 时间：	幼儿姓名： 情境描述： 轶事描述：	日期： 时间：

表6-2 利用标签纸制作轶事记录表（事先套印角落名称）

一、**符号解释**：娃＝娃娃角　美＝美劳角　益＝益智角　语＝语文角　科＝科学角

二、**记录方式**：圈选记录时的学习角

幼儿姓名： 学习角：娃美益语科 轶事描述：	日期： 时间：	幼儿姓名： 学习角：娃美益语科 轶事描述：	日期： 时间：
幼儿姓名： 学习角：娃美益语科 轶事描述：	日期： 时间：	幼儿姓名： 学习角：娃美益语科 轶事描述：	日期： 时间：
幼儿姓名： 学习角：娃美益语科 轶事描述：	日期： 时间：	幼儿姓名： 学习角：娃美益语科 轶事描述：	日期： 时间：
幼儿姓名： 学习角：娃美益语科 轶事描述：	日期： 时间：	幼儿姓名： 学习角：娃美益语科 轶事描述：	日期： 时间：

（续表）

幼儿姓名：　　　　　日期： 学习角：娃美益语科　时间： 轶事描述：	幼儿姓名：　　　　　日期： 学习角：娃美益语科　时间： 轶事描述：

表6-3　学习角落轶事记录表（特定幼儿记录）

说明：本表以特定幼儿记录为例，若不只观察一名幼儿，可将幼儿姓名在表格左方另成一栏，或将多张记录表合并。

幼儿姓名：　　　　　　　　　　　　　　日期：	
学习角：	
时　　　间	轶　事　描　述

表6-4 幼儿轶事记录表（以周为单位）

说明：观察者若事先选定对特定行为或事件进行观察，可先确定记录时间或学习角落，再以本表记录，未来解释分析时将更为便捷。

姓名	星期一	星期二	星期三	星期四	星期五
小新					
怡静					
大雄					
小丸子					
小红豆					

表6-5　个别幼儿轶事记录表（以周为单位）

说明：本表可针对单一幼儿进行较长时间的过程记录，便于分析时了解幼儿行为是否有阶段性转变。若观察者认为每周有汇整分析或暂时记录心得的必要，可在表格最下方另增一列"备注"或"分析"，方便使用。

幼儿姓名：	观察日期：
年龄：_____岁_____个月	观察时间：
观察者：	
观察情境：	

日　　期	轶　事　描　述

表6-6　个别幼儿轶事记录表

说明：本表增加分析及备注栏位，并留有粘贴照片的空间，在可提供相对较为充分的信息。

一、观察日期：5.2（二）
二、观察时间：分组活动时间
三、地点与情境简述：母亲节快到了，老师希望小朋友能制作母亲节卡片送给妈妈。
四、观察对象：杰宇
五、观察者：A师

时　间	轶事描述	分　析	备注（进一步观察的重点）
轶事照片粘贴处			

第四节 记录分析

由于轶事记录资料累积的数量颇巨，在记录的形式上又多以文字描述为主，记录分析便成为一项颇为繁复的工作。良好的记录将尽可能客观地呈现轶事本身，但适切的分析及诠释，则是正确理解轶事意义或进一步研拟因应策略的重要步骤。本节拟就轶事记录的分析加以介绍，分别就轶事记录资料的性质、分析，以及诠释等部分说明如下。

一、轶事记录资料的性质

关于轶事记录资料的性质，兹分项说明如下：

（一）轶事记录资料属质性资料

观察者依据不同的观察方法，所获得的记录资料性质亦不相同。在资料性质方面，一般可粗略分为质的资料（或称质性资料）和量的资料（或称量化资料），轶事记录所获得的资料则属前者。所谓质的资料，是指以文字描述的叙事方式，也就是将事件的发生经过以类似说故事的方式传达给阅读者，并借着文字的描述将事件发生的脉络、起承转合等，呈现给阅读者。

轶事记录运用文字描述的叙事方式记录幼儿的行为表现，属于质的资料。前述资料虽能提供关于事件或行为较为完整的信息，但仍必须经过再次的整理分析和解释说明，才能让记录资料发挥最大的效用。亦即，为求对幼儿的行为表现能够有更进一步的深入了解，进而提供最适切的协助与支援，教师就必须对自己所搜集到的资料信息，进一步地分析与解释。

（二）轶事记录资料的客观性，将影响后续的分析和解释

轶事记录首重搜集资料的客观真实，亦即对所观察到的幼儿行为表现，运用文字进行客观的事实描述。在观察与记录的过程中，排除个人先入为主的观念想法，以及在描述事件原委时，以客观记录观察到的事实取代对事件或行为进行的个人抒怀，避免因受到个人感性的影响，造成对事实的不客观描述，都是维持资料客观性的要件。

若记录的资料不够客观，抑或记录的措辞使用太过笼统，都会导致难以还原观察情境的窘境，无法从字里行间得知当时幼儿的行为表现。不够客观或写实等不完整性的轶事记录资料将会影响进一步的资料分析和解释。

不能被应用的轶事记录资料，不但失去了观察幼儿行为表现的意义，同时也丧

失了记录资料的意义，使观察资料的搜集成为徒劳，浪费观察者的人力、物力和时间、精神，观察者不得不慎。

二、记录资料的分析

观察记录资料的分析方法，可分为质的分析和量的分析等两种，说明如下：

（一）质的分析

质的分析指，通过文字或符号的理解与探究，逐步形成对行为或事件的理解。由于轶事记录累积了大量文字资料，可借由文字的解读、分类与汇整等，对行为或事件发生的脉络及因果等，形成完整的轮廓与澄清。此等逐步分析与探究的结果，提供观察者形成问题解决策略的参考。为了要解决问题，必须问诊（通过观察），了解病因（事件发生的原因），然后对症下药（了解事件发生的原因后），从根本上予以解决，找寻解决的策略。

（二）量的分析

量的分析指，将观察记录资料转化为可计量的单元，以统计分析方法描述行为或事件的特性，甚至可以用具体的数据和图表来呈现资料。虽然轶事记录的资料属质性资料，但部分内容如行为发生的次数、延续时间以及重复情况等，皆可借由资料内容转化为可计量的单元，进行进一步统计分析。由于量化分析有便利、简要且清晰等特性，辅以质性分析之用，更有益于分析者或读者清楚地理解分析结果。

三、资料的诠释

资料的诠释或解释，即为观察资料赋予意义。诠释资料会受到主、客观因素的影响，主观影响因素乃指观察者或诠释者个人的经验或想法，而客观影响因素包含解读行为或事件的既有理论以及实际获得的记录资料等。有关资料分析的解释方式，勃姆（A. E. Boehm）和魏恩贝格（R. A. Weinberg）提出了五种方式（廖凤瑞等译，2004：185），兹分述如下：

（一）从观察中建立行为模式，如指出教室内的活动顺序和规则；

（二）诠释所观察到的行为的社会重要性与意义；

（三）将观察结果与外在的参考资料相关联，外在的参考资料包括了理论、哲学、历史或事件；

（四）将观察结果与发展相关联；

（五）分析观察结果与环境之间的关系，其中环境包括了物理环境和教师。

虽然诠释和解释资料因个人感受力不同而异，亦即针对同样的资料或同样的情境，每个人的分析与解释皆会不同；但是，资料的分析与解释仍是观察工作中不可或缺的重要项目，观察者应就自身诠释资料的能力加以强化，以期正确解读记录内容。观察者可依据前述五种诠释资料的方式，分析和解释从观察中得到的记录资料，从而获得较清晰、条理化的分析结果。

在进行轶事记录资料的分析时，必须对行为或事件作深入的剖析和解释，然后推论可能的结果，并依据各种推论和解释，提出适切的解决策略。因此，观察者必须于观察前预留一些事后资料整理的时间，以利分析从观察中所得的记录资料。

在科技发达的现代社会，观察者也必须学习利用科技器材来作资料整理与分析的工作，以便节省更多的时间。例如：使用电脑软体，如微软的Excel软体，就非常利于资料的整理与归类。由于该软体有许多功能，如排序、分类、计算等，观察者仅须设计好行为的编码，然后再将资料以代码形式输入电脑中，即可作进一步的分析。

本章介绍轶事记录的方法与实施内容，观察者在实际应用前，宜对此方法内容有完整的认识，并有计划地练习轶事记录的方法与程序，待相关能力逐渐成熟后，方具体应用于教学或研究现场。兹将本章介绍的轶事记录实施程序汇整如表6-7，观察者可将之用于观察前的确认准备工作，以及观察后确认观察记录资料是否完整。

表6-7 观察程序确认表——轶事记录

观察阶段	观察步骤	说　　明	确认栏	备注
1. 计划	1-1 确定观察目的			
	1-2 选定观察情境			
	1-3 准备观察工具			
2. 过程	2-1 仔细观察			
	2-2 客观记录			
3. 分析评量	3-1 归纳整理			
	3-2 诠释分析			
	3-3 资料呈现	3-3-1 纳入学习档案		
		3-3-2 亲师沟通资料		
		3-3-3 撰写研究报告		

1. 在确认栏内以"✓"的方式确认已完成的观察步骤。
2. 利用观察程序确认表，确认观察工作的进行状况。

思考作业

1. 何谓轶事记录?
2. 轶事记录有何特性?
3. 轶事记录的适用时机为何?
4. 轶事记录的优缺点为何?
5. 轶事记录的观察程序为何?
6. 轶事记录的"六W要素"为何?
7. 轶事记录要注意哪些技巧?
8. 轶事记录资料有哪些性质?
9. 试以轶事记录,记录一名幼儿的行为。

第七章　检核表

洪福财（第一、二节）
卢以敏（第三节）

本章概要

第一节　方法概述

第二节　观察与记录

第三节　示例探讨与分析

什么是检核表？

检核表如何形成？

应用检核表的适当时机为何？

检核表有哪些格式或记录方式？如何决定？

应用检核表之前，老师需要哪些事前准备？

应用检核表有哪些优缺点，或使用限制？

检核表（checklists）广泛地应用在人类的生活中，尤其是科学家或心理学家时常用它来观察动物或人类的行为表现。例如：有些老师在学期开始之前会规划课程的需求，决定学期中所需的教材或教具的类别、项目、数量以及需求日期等，进一步转化为检核表，在学期中逐项地记录并掌握完成状况；许多老师也会习惯性地将待解决的工作列成检核表的形式，逐项检核完成的程度等。检核表应用时容易令人感受其便利的程度，这是此方法仍不断传承的重要原因。

以幼儿园的实况而言，教保活动是一项复杂的工作，无论在何时，幼教老师都必须同时面临许多活动或突发情况，考验着教师的观察力与敏锐度；而通过观察进行学习，变成老师教学成长的重要路径（Blackmore，2005）。长期以来，检核表普遍应用在幼儿行为观察与记录的领域，主要用来协助老师或观察人员在特定时间内搜集多元的观察资料，了解幼儿行为出现的情形并有助于理解幼儿的行为表现。

本章即在探讨检核表的内容与实施，将分成三部分加以探讨。首先是"方法概述"，说明检核表的意义、特性，以及使用时机等；其次是"观察与记录"，探讨检核表的应用程序及相关内容；最后为"示例探讨与分析"，具体提出检核表的应用实例，分析各种应用时机与可能限制。

第一节　方法概述

本节将就检核表的意义、特性、适用时机，以及优缺点等，进行分项说明。

一、什么是检核表

所谓检核表，是依据观察目的、情境与观察者的特性等，事先拟妥观察架构与内容，供观察者在观察现场依据检核表内容逐一检视幼儿行为表现的观察与记录方法。检核表可以方便地运用并了解行为出现的情形，在幼儿行为观察领域被普遍地应用。

检核表是一种用来记录行为出现与否的便利方法，使用相当容易，用途也非常广泛，举凡日常生活或与幼儿及其环境有关的事项，只要确认观察目标并转化为适切的检核表后，都可以便利地检视，提醒观察者留意所关切的行为是否在特定的情境出现。在幼儿行为观察的应用上，检核表通常用来了解幼儿行为在特定情境的出现状况，观察者通常需在观察之初，确立观察的目标并形成检核表，然后在实际的观察情境中逐一检视行为出现的情形。

关于检核表的类型，勃兰特（Brandt，1972）提出有"静态描述项目"（static descriptors）与"活动检核表"（actions or action checklists）两种。所谓静态描述项目，是指能被轻易标注或记录的情境或幼儿固定特性，这些项目的记录资料有相当高的稳定性，例如：年龄、性别、社会经济地位，或物理环境特性等，均属此类项目。

而活动检核表观察的焦点在孩子的行为，比较典型的活动检核表是记录孩子在一定时间内的特定行为表现，每个孩子各有一连串的表现行为，观察者也将标记出孩子在一定观察时间内的行为表现情形。此等检核表也可用来观察孩子特定的行为表现是否达到标准。

检核表的类型相当多元，以表7-1为例，该检核表可用来了解幼儿在主题活动中的学习表现。当观察者择定观察对象与情境后，便可在特定时间内，针对研究对象是否出现表中描述的各项行为，逐一检核。以题1为例，依该表说明，若幼儿能在活动过程中表现出对主题的好奇或参与行为，观察者便可在括号内以（○）表示，待逐项完成记录后，再就记录成果加以分析及解释。

表7-1　幼儿在主题活动的学习记录表

姓名：	观察日期：	观察时间：
说明：请观察幼儿是否表现出各项描述行为，请以"○"、"×"表示。			

（　）1．对主题感到好奇
（　）2．针对主题发言
（　）3．能倾听他人发言
（　）4．对活动表现出耐心
（　）5．不大能完整表达自己的意思
（　）6．能与他人合作
（　）7．容易受其他角落活动影响而分心
（　）8．能专注地操作活动或参与游戏
（　）9．不大能掌控发言的音量
（　）10．能领导其他幼儿参与讨论

另以表7-2为例，该检核表可用来观察特定时间内，婴儿与母亲的互动状况。观察者先将婴儿与母亲互动的行为分成四项，研究设计采用六十秒为观察间隔，每次观察十秒钟,观察在前述时间内是否出现表列四项行为,逐一检核。例如:依该表说明,若在第一次观察时间内出现"母亲对孩子说话"、"孩子眼睛注视母亲"等行为,便在该两栏位下径行勾选表示,待逐项完成记录后,再就记录成果加以分析及解释。表7-1与表7-2,均属勃兰特所称的活动检核表。

表7-2 婴儿与母亲的互动记录表

时间＼行为	母亲对孩子说话	孩子对母亲发出声音	母亲与孩子一起发出声音	孩子眼睛注视母亲
00′	✓			✓
60′	✓			
120′			✓	
180′				
240′				
300′				
360′				

说明:请观察固定时间内是否出现各项行为,请以"✓"表示。

二、检核表的应用特性

检核表旨在针对观察目的所转化的检核表内容,将一定时间内观察对象的行为表现,依据检核表内容逐项检视行为出现的情况,记录的结果不仅可用来统计个别行为出现的情形,也可以汇整许多行为出现的情况,以作为理解特定类型行为出现的参考。在实际应用方面,检核表的发展已有相当长的历史,加上便利使用的特性,迄今仍普遍地用于幼儿行为的观察与记录。

关于检核表法的应用特性,兹归结有六,分述如下:

(一)依据事先规划检核表观察与记录

检核表的应用特性之一,是在观察之前需先确立观察目的,并据以转化为检核表,以作实际观察与记录之用。由于检核表需事先规划,对于观察与记录的目的、内容,以及实施方式等,均需先行考量;若前述规划得宜,在实际的应用方面,显得相当便利。

(二)观察者的选择度高

由于需事先拟妥检核表,所有待记录的行为项目均在拟定检核表时一并确认且界定完成,观察者只要依据检核表的填答指示,在充分地了解各项目内容后,在一定的观察时间内任意择取观察项目并完成记录即可。只要观察者能完全掌握检核表的内容与实施方式，此方法在实际的应用上，将为观察者提供较大的观察项目选择空间，让观察者依据实际状况决定观察项目的顺序。

（三）行为需推断的程度低

由于检核表事先拟定，各项内容一并界定完成，若前述检核表订定时考量的项目范围够广且定义清晰，则观察时可能产生的模糊难辨，甚至难以记录的程度便大为降低。换言之，观察者若能获得并理解规划良善的检核表，实际观察时便不至于发生难以判定行为，或出现需依赖进一步观察资料以推断行为的情况。

（四）可提供个别行为与同类型行为出现的资料

检核表拟定的观察行为内容，将目标行为先划分行为类别，再进一步描述各行为类别的观察行为；故在实际观察时，观察者只要逐一观察各行为是否出现并据实填答，便可了解各行为的出现情况，而汇整前述各项行为的出现状况后，还可获知各项行为类别的表现情形，同时呈现个别行为与同类型行为出现的资料。

（五）观察时间通常事先设定，便于系统安排

事先设计检核表，除决定观察内容外，在观察的方式与时机等方面也常一并考量，旨在提供观察者系统的观察内容与建议程序等，以期提高观察的效度，确切地掌握观察对象的行为。是以，使用检核表时，观察者除应先熟悉检核表的内容外，也应同时详阅相关建议程序或事项，以利系统安排观察流程。

（六）多采封闭式填答

检核表的另一项应用特色，是填答方式多采封闭式。检核表的设计，希望在固定的时间内，尽可能地搜集目标行为的出现状况；为使观察者充分地掌握各项行为的出现情况，在填答方式上多以封闭式为主，旨在便利观察者记录，并获得有关行为的完整信息。封闭式填答的特色，也使检核表的记录受到限制，例如无法提供有关行为描述的资料，也无从了解行为出现的频率及行为持续的时间长短等，使用时均需留意。

三、检核表的适用时机

关于检核表的适用时机主要有二，兹将各适用时机的内涵说明如下：

（一）欲明确地了解或定义出目标行为

检核表的应用，通常须在事先拟妥适切的检核表供观察与记录之用，而拟定检核表的先决条件，便是要能明确地了解或定义出目标行为。

在对幼儿行为进行观察与记录时，幼儿行为的发生难以事先预料，因此，部分观察法强调幼儿行为发生的不确定性，以及行为内涵的多样性；在观察与记录方面，主张应该忠于幼儿行为的真实描述，而偏向质性描述的观察与记录方式，便成为此等主张下的优先选项。由于幼儿行为内涵的复杂与多样，幼教老师或研究者在观察或记录幼儿行为表现之际，常遭遇到许多困难，例如：观察与记录的能力受限，缺乏充分的时间完整地记录幼儿行为，或是对幼儿行为判定模糊等，都使前述研究方法的运用受到限制。

为确切地掌握幼儿行为的出现状况并能便利地观察与记录幼儿的行为表现，若能事先清楚地界定或澄清行为的内涵，甚至转化为具体的观察行为内容，前述观察与记录的限制将会受到改善，检核表将成为优先的选项。

例如：教师觉得最近幼儿来向老师告状的次数大增，想了解幼儿告状行为的出现情形，甚至进一步了解可能的原因等，若老师可以先就告状行为提出具体的澄清或行为界定，便可以考虑应用检核表。如：将告状行为区分为"具特定对象"和"不具特定对象"两类别，在"具特定对象"的内容方面又可进一步分成"肢体冲突"、"言语冲突"或"玩具强夺"等项；"不具特定对象"的内容可分成"秩序干扰"、"身体威胁"等；前述各项内容还可以再进一步细分，逐步形成详细的行为内容，进而转化成可参照的检核表。

（二）欲了解行为在特定情境的发生状况

检核表的优势，便是有利于观察者在固定时间内，了解观察对象在特定情境下的行为出现情况。若同时掌握"目标行为"与"特定脉络"两大项目，此等观察方式可用来记录包含目标行为发生与否、次数、出现频率、行为在不同时间的出现状况等，并使观察与记录的工作更具效率，颇符合科学的精神。

举例言之，幼教老师想了解幼儿在学习角落与他人的合作行为，先行界定目标行为"合作行为"，再确立以每天的角落学习活动时间作为观察情境，拟出检核表如表7-3。

表7-3是幼教老师为了解班级内幼儿在学习角的活动时间，是否出现与他人合作的行为，前者即教师设定的"特定脉络"，后者即教师必须加以界定的"目标行为"。为了解幼儿合作行为的状况，教师自行拟定检核表；在检核表的内容方面，教师想了解幼儿与他人互动与合作的言词，以及幼儿与他人合作完成作品等两大方面；关于幼儿与他人互动和合作的言词方面，进一步区分为第1至4题；关于幼儿与他人合作完成作品方面，则区分为第5至8题。考量观察目的与记录的便利，此教

师采取封闭式填答方式了解行为出现与否，借由观察行为的勾选，教师未来可了解合作行为发生与否、次数，以及出现频率等信息。

表7-3 幼儿合作行为检核表

幼儿姓名：_____
年龄：_____
学习角：_____
观察日期：_____
观察时间：_____

1．主动与他人交谈　　　　　　　　　　　　　是_____；否_____
2．说出自己对合作作品的贡献　　　　　　　　是_____；否_____
3．与他人分享经验与想法　　　　　　　　　　是_____；否_____
4．赞美别人的努力　　　　　　　　　　　　　是_____；否_____
5．主动帮助他人，解决问题　　　　　　　　　是_____；否_____
6．与他人分享玩具或学习材料　　　　　　　　是_____；否_____
7．与他人共同完成作品　　　　　　　　　　　是_____；否_____
8．爱惜与他人共同完成的作品　　　　　　　　是_____；否_____

四、使用检核表的优缺点

　　检核表有比较高的可控制性，让观察者可以比较不受限于情境地使用观察与记录。其次，检核表也有利于观察者在同一时间内觉察多样的信息，据以形成对于观察对象行为之理解（Subban & Round, 2005）。关于检核表在实务应用的优缺点，兹归结相关学者观点分述如下（Bentzen, 2000：144—145；Slee, 1987：77）：

　　（一）优点方面

　　检核表的使用优点主要有下述六项：

　　1．成本低廉

　　检核表不需耗费庞大的设备或器材，以教学观察为例，教师只要对检核表有基本概念，运用简单的纸笔也可完成。

　　2．容易实作

　　检核表必须事先拟妥，将待观察的行为详细列出，并多采用封闭性填答方式，对观察者而言相当便利，缺乏观察实务经验者，此法也较容易入门。观察者只需熟悉检核表的内容，待行为出现时适度划记，不需复杂地描述，对原本忙碌的幼教老师言，相对易行。

　　3．可切实与观察目标相符

　　检核表的拟定必须事先设定目标行为，并将目标行为妥予界定后，转化为具体的检核表内容，因此，只要检核表的编拟历程完善，就可以确保观察及记录的内容与目标相符，有益于提升观察的效度。

4．分析容易

由于检核表已事先拟妥，记录的方式不仅多采用封闭式，且可设计为标准化的填答格式，对观察结果的分析相当便利。此外，检核表也可事先区分行为类型，观察结果经统计汇整后，可提供特定类型行为的整体表现情况；而且前述均可转化为量化信息，便于结果分析及讨论。

5．观察结果有多元运用的可能

由于分析结果可转化为量化资料讨论及保存，此等结果具有多元运用的可能。例如：可以汇整不同阶段的检核表分析结果作为参照信息，将不同时间所做的相同检核表结果相对照，了解行为表现的差异；再者，前述的资料若持续性地汇整与分析，也可用来呈现行为的发展或改变状况，对于了解幼儿行为发展均极具助益。

6．可作为深入研究的前导

由于检核表具有简便易行的特性，若有观察者后续想进行更大规模或深入的观察，检核表可用来作为前述观察的前导方法，此等简洁的方法有益于节省时间，并可避免大规模研究未臻周全，耗费研究资源的情形。

（二）缺点方面

关于使用检核表的缺点部分，主要可汇整如下述五点：

1．同一时间的观察行为受到限制

检核表虽能提供观察者较高的自由度，但待观察的目标行为倘若同时出现，观察者如何完整地顾及前述行为，便成为重要考验。面对同时出现的行为，假使观察者在行为后续能稍得喘息空间，或可补足；若目标行为持续出现，如何精确地观察与记录，将成为观察者的一大挑战。

2．观察的一致性容易受限

在实际应用检核表时，观察者必须环顾观察情境中所有可能出现的目标行为并加以记录，而非针对单一行为持续地观察其发展情况，故整体检核表在信度方面的表现将受到限制。

3．观察行为的记录可能受限于观察时间而中断

在使用检核表时，事先设计实施的方式与内容，观察时间也预先设定，目标行为的观察将划有特定的时限，时限后的行为表现将可能遭到遗漏；除非针对后续行为再行发展检核表，否则后续行为的发展状况将因观察时间中断而难以获得相关

资料。

4．未能详述行为并呈现脉络

检核表的记录是针对行为进行的总结性评定，可用来记录行为发生的情况，但难以完整描述行为发生的过程。其次，在记录方式上，封闭式填答为普遍使用的形态，此等记录可以了解行为出现的情况，但缺乏行为出现相关脉络与背景信息，难以判定影响行为出现的原因、前后持续出现的行为，以及行为的结果等，在欠缺行为详述之际，此等行为的理解可能失之片段，难以窥见行为的全貌。

5．突发行为可能遭摒除

检核表是依据事先拟妥的检核表进行观察与记录的，观察限定于目标行为。由于观察内容已事先拟定，待实际观察时，若观察对象出现非预定的观察行为时，该等突发行为可能遭摒除；若前述遭摒除的观察行为可能影响对观察对象的行为理解时，便可能形成缺憾。

第二节　观察与记录

为确保观察与记录资料的有效性与完整性，检核表在应用方面需有相应的规范。对于观察者言，检核表虽然使用便利，但应用的过程中仍须掌握一定的原则要项，以期资料搜集的真确与完整。本节拟就检核表的应用程序及相关内容等进行说明。

一、应用程序

检核表实际应用时可能因观察者的习惯或相关条件限制而略有差异，一般而言，可将检核表的实施分成下述七项步骤，兹分述如下：

（一）确定观察目的

在幼儿行为观察的领域中，使用检核表可能源于对某些行为表现的好奇，或希望针对某些行为了解其出现的情况，基本上都是基于特定观察目的，进一步地了解特定行为的出现情况。无论是基于前述目的，还是观察者有了解特定行为的需求后，再决定采取检核表进一步观察，确定观察目的都是进行观察的首要程序。

（二）定义目标行为

检核表是针对感兴趣或待观察的行为进行行为的观察与记录，明确地界定目标行为，详细地列举目标行为的内容，对后续行为观察与记录便相当重要。此步骤必须对照前述观察目的，目标行为的内容要尽可能界定详细且完整，对后续检核表的发展相当重要，也攸关观察与记录效度。

（三）决定观察情境

在确定目的与界定观察行为的同时，也要一并决定观察情境。例如：老师如果想了解幼儿是否出现攻击行为，除明确地界定攻击行为外，也应一并考量是在上午或是下午的活动时间观察；此外，若决定在上午的活动时间观察，那么是在角落活动时间观察，还是以自由活动的时间为主，均须加以界定。

（四）选择记录方式

选择检核表，便利的记录方式常是重要的诱因。以幼教老师为例，每个班级有三十名幼儿，若要逐一详述幼儿的行为内容，对教师而言不啻为一大压力，若能采勾选或划记等简便方式为之，将十分便利。前述是检核表最常使用的记录方式。记录方式的选择，与观察目的、目标行为的复杂度，乃至于观察者习惯等有关，观察者可在一并考量后作出抉择。

（五）拟定检核表

检核表的内容是否完备，攸关后续观察的效度。检核表的拟定，首先要求内容的完整性，即内容与观察目的、目标行为的关联；其次，要求观察具有便利与可行性，观察内容的数量、记录方式，加上对观察者习性的掌握等，都将是关键。

（六）实际观察与记录

当检核表拟定完成后，如何依据表格内容与规划的流程，切实掌握各项目标行为，则是观察者必须面对的首要课题。因此，在观察进行前，观察者除了应深入了解各项观察行为的意义外，也可在正式观察前先行预试，了解自身对目标行为的掌握情况。对幼儿园班级而言，通常每班置教师两名，教师可寻求合作教师的参与，共同观察与记录，了解两者的观察与记录差异，作为修订检核表或实际观察的参考。

（七）分析记录结果并解释

当记录完成后，观察者可立即统计各项目行为出现的结果，或设定每隔一定时间进行汇整统计。除进行统计分析外，观察者必须保留每次的检核表记录结果，未来可进一步设定以某次观察为基准点进行对照分析，让行为结果的描述更加丰富。

二、观察者的训练

相较于其他观察与记录方法，以事先设计好的检核表进行观察与记录，观察者的角色似乎较为单纯，但观察者对检核表内容的掌握程度，以及能否切实了解观察意义与实施程序等，都将对观察结果产生直接影响。有鉴于此，观察者若能获得良好的训练，对于提升观察与记录的品质，将形成正向的帮助。

以班级教学为例，教师常同时担任教学者与观察者等角色，教学情境的复杂度、教师同时处理事件的能力等，都将影响教学或观察等具体表现。即便观察者不兼任教学工作，对于教学现场的熟悉程度、对检核表内容的熟悉程度，以及对检核表实施程序的掌握情况等，都将影响观察与记录的工作。

为强化观察者的观察与记录能力，观察者应事先接受培训或自我训练。训练的内容主要可包含下述六个项目：

（一）了解观察目的并熟悉观察项目

观察者应先了解检核表的项目与内容，检核表的内容应有明确的界定与说明；观察者若对于相关内容有疑义，应尽快提出并做澄清。

（二）了解观察工具的使用与记录方式

在拟定检核表的同时，通常也已预拟完成观察与记录的方式。由于检核表的使用必须符合各情境的特性，此等特性也会在拟定检核表时纳入考虑，具体的结果将反映在检核表的使用与记录方式的说明中。因此，观察者在使用检核表之前，应了解检核表的使用与记录方式，具体掌握使用与记录的技巧。

（三）熟习观察器材的操作方法与使用时机

除了检核表的使用，有时也可能搭配其他观察器材，例如摄影机、录音机，以及数码相机等。各项观察器材的具体操作与使用时间等，必须在观察前一并考虑。对于各项器材的使用及其记录结果的应用等，也应同时考虑，并就具体使用时机提出明确建议。

（四）观察预习，检视观察工具是否适当

为使观察者正确地使用检核表，若能在正式的观察前先有观察预习作业，同时检视检核表的内容与使用情况等，对未来正式观察将有具体的帮助。

（五）观察预习，掌握减少被观察者心理防卫的要领

观察预习检核表时，观察者除应掌握检核表的应用情况外，也应同时了解受观察者的表现状况，对于观察过程中被观察者产生疑义或心理防卫等现象，预作了解与评估，甚至应提供修正检核表内容或应用程序的参考。

（六）评量时应尽量客观，免除对被观察者形成偏见

检核表的应用目的，无非是借由客观的观察工具形成中立的观察结果，并对被观察者行为的产生与消失做出适切的解释。是以，在观察者训练的过程中，同时要确保观察者的客观性，并切忌对被观察者形成任何偏见，进而影响观察与记录的结果。

三、记录方式

关于检核表的记录方式，常见的是在特定情境的界定下，依据行为出现的有无

或时点加以划记，以了解行为出现的情况。兹以单一行为类型为例，说明常见的记录方式主要有下述两种：

第一种检核表记录方式，只针对所观察行为是否出现加以划记（如表7-4）。此等记录方式关心观察行为是否出现，在划记方面相当简便，观察者必须事先将关心的观察内容转化为检核表，只要事先熟悉观察的项目，便可轻易地记录。

表7-4 检核表记录方式示例（一）

	是	否
1. 与同伴交谈	✓	____
2. 对老师的故事有所反应	____	✓
3. 不与他人争抢玩具	✓	____
⋮		

第二种检核表记录方式与前一项记录方式类似，但其目的不只在了解观察行为出现与否，更在了解每一观察项目在特定期间内的出现次数，从而可以提供不同方面的行为信息。观察者事先也需拟妥检核表内容，列出所有待观察的观察项目，观察者若发现被观察者表现某一类行为，就在该行为旁划记号，常见以"正"字或其他累计符号加以记录。

表7-5 检核表记录方式示例（二）

___丁___ 1. 与同伴交谈
_____ 2. 对老师的故事有所反应
___一___ 3. 不与他人争抢玩具
　　⋮

除前述示例的记录方式外，也有将记录栏位以固定时间间隔的图表取代，在进行观察划记时，同时可以指出观察行为出现的时间，甚为便利。再者，也有观察者在划记栏位旁另辟"备注"或"说明"等栏位，在观察情境的情况允许时，对观察行为也能进行简单的文字叙述。观察者只要依据观察目的，考虑观察脉络的特性与观察者的需求等，便可就各项记录方式加以选择。关于检核表的记录方式，请另参阅下节的示例说明。

四、观察与记录的要素

检核表虽然使用便利，但其前提在于对观察目的与观察行为的清楚界定与确切理解，制作适切的检核表提供观察者使用。观察者必须依据检核表制作的目的与精神，在特定的脉络下进行观察与记录，此等检核表的应用方能确保使用的便利性，同时兼顾观察结果的有效性。

在实际进行检核表的观察与记录时，必须注意下述八项要素，亦可作为检核此等方法的具体指标，兹说明如下：

（一）符合观察目标

检视检核表的项目，是否与观察目标相符。

（二）穷尽

检视检核表的项目，是否已完整地包含所有观察目标应含的内容，是否需加以增添。

（三）独立

检视检核表的项目，各观察项目的意义是否各自独立，并已有清晰的界定或说明。

（四）互斥

检视检核表的项目，各观察项目的意义是否无意义交互重叠之处。

（五）单一分类原则

检视检核表的项目，如果前述项目已依据观察行为加以分类，各观察行为是否已适切归类，行为类别间是否各具独立、互斥等特质。

（六）功能性

重新检视观察目的，目前检核表所设计的观察与记录方式，是否能达成前述目的。

（七）可操纵性

检视检核表的设计与实施规划，实际运作是否便利，有无窒碍难行之处。

（八）合乎信度、效度

前述七项要素都关乎检核表的信、效度，此外，还需考虑观察与记录的过程中，观察脉络、时间，以及记录方式等，是否符合原先的规划。

教保活动是一项复杂的工作，考验着教师的观察力与敏锐度，尤其对初任老师而言，如果能在初任阶段就学习到良好的观察技巧，将可以从细致的观察中获得强化教学能力的助益（J. C. Richards & T. S. C. Farrell, 2011）。故职前阶段的师资培育课程，如果可以特别针对教师未来在教保职场中如何观察幼儿差异的能力加以培训，将对其未来的教保工作产生实质且重要的帮助（Hammersley-Fletcher,

Linda，& Orsmond，Paul，2004）。下节将针对检核表的具体应用，提出示例加以讨论。

第三节　示例探讨与分析

检核表是事先规划或设计的观察与记录工具，可以迅速帮助幼教老师聚焦在孩子身上观察，在应用方面有便利、有效，以及完整等特性，若能有规划良好的检核表，无疑是值得考虑的观察与记录方法。

教师应用检核表时，可先依据观察目的自行设计适切的表格，或可参考相关研究或图书，引用或略为修改相关检核表。本节拟列举数种常见的检核表，逐一说明各种检核表的内容与使用方法。兹分别介绍：一、发展类型的检核表，二、课程类型的检核表，三、学习领域类型的检核表，四、单一行为类型的检核表四类，说明如下。

一、发展类型的检核表

当幼教老师需要了解幼儿发展状况，作为幼儿成长记录的档案，或作医疗用途的参考时，此类型的检核表可以达到目的。

关于幼儿阶段发展类型的检核表已发展多时，经常应用于筛检、医疗或幼儿教保等领域。例如：台北市政府编订有"台北市学前儿童发展检核表"，此份检核表可见于"台北市政府卫生局发展迟缓儿童早期疗育医疗服务网"（http：//kid.health.gov.tw）、"台北市早期疗育综合服务网"（http：//www.tpscfddc.gov.tw）。

前述检核表是目前台湾地区广泛使用的一个发展筛检工具，其编制过程并非由"建立常模"开始，而是依照参考文献，选择较具定义性与预测性的发展行为及90%的儿童已达成的行为，组成每一年龄层的检核题项，再根据临床综合判断，建立"发展迟缓且需接受疗育的目标群"，逐一比对每一研究样本个案的检核结果，随时检讨题目的内容与切截标准——当目标个案被遗漏时，检讨是否缺少足以界定该类个案特征的行为指标或加入新题项等，反复比对逐渐定稿（郑玲宜，2005）。

本检核表区分使用对象的年龄层，共分"满四个月、满六个月、满九个月、满一岁、满一岁半、满二岁、满二岁半、满三岁、满三岁半、满四岁、满五岁、满六岁"十二阶段，因而有十二种检核表。在内容方面包含粗大动作、精细动作、语言沟通、认知学习、社会适应、情绪及视觉、听觉能力七领域发展能力。填表人可以为医疗人员、老师、社政人员及幼儿父母等。教师可视目的与使用时机，适时应用前述检核表，如用以作为开学前幼儿发展能力评估，或定期性发展能力检核等。

使用发展类型检核表时，教师应留意下述要点：

（一）发展类型的检核表，有的是以幼儿发展常模为参考而建立的，有的是以文献中的幼儿发展阶段之定义或预测为参考，经过临床反复比对而建立的。此等检核表具一定程度的信度、效度，应用时更应谨慎。

（二）设计不同年龄层幼儿的检核表，应注重发展过程的行为，检核表上也应填写"检核日期"，记录幼儿的"实足年龄"，以利参考或之后的追踪检核。

（三）应注明填表人身份，如医疗人员、老师或家长等，可让人在参考检核结果时，了解检核的角度是以何种身份观察得来的。

（四）检核表上，应清楚说明填表的使用方法（圈选于哪个位置）及评估标准，以及填写之后的进一步处理及相关的咨询单位，应用时须依据指示谨慎为之。

（五）应多方了解支持所用检核表的证据，例如检核表的信、效度及有关该检核表的研究信息。有些专业机构单位提供或贩售的检核表，会定期开设教育训练的课程，帮助使用者正确使用它们的检核表（如：台北市政府卫生局定期举办"学前儿童发展筛检通报种子训练计划"培训课程，提供现场的幼教老师关于检核表介绍与应用、判读方法，检核之后的通报转介及如何运用相关资源等专业训练）。

二、课程类型的检核表

课程类型的检核表，是研究者或教师欲了解幼儿在幼儿园的主题或角落活动等情境下的学习状况所设计使用的检核表。

在实际应用方面，课程类型的检核表的使用时机大部分为教师进行课程时，或结束之后，目的是了解幼儿的课程学习状况，包含幼儿是否达到课程目标、学习的适应或进步情形等，也是对教师的课程设计与教学进行成效检视与修正。

因课程发展类型的差别，使用的检核表类型或有差异。一般而言，可概分有：（一）教材检核表：若园所采用坊间教材或事先规划有固定的教材内容，部分教材会附上设计好的检核表，检核孩子的学习状况；(二) 自行设计检核表：教师经由讨论或自行订定出对幼儿的期望、学习目标、课程目标或角落目标等，依此设计符合需求的检核表。

课程类型的检核表在使用时，应注意检核表的内容宜符合该阶段幼儿的学习目标及期望。以自行设计的检核表为例，以大班幼儿为对象，幼教老师设计了"蝌蚪变青蛙"的课程，并订定"课程目标"，期望幼儿学习到有关蝌蚪与青蛙的事情。完成课程设计（包含合宜的"课程目标"及"活动设计"）后应思考：在课程目标下及活动过程中，自己对幼儿期望的学习表现为何？此可作为拟定检核表内容的参考。

依据前述，教师在思考检核表内容时，应根据课程目标或学习期望等，将前述目标或期望适度转化为检核表内容。兹再以"蝌蚪变青蛙"为例，将此等转化历程描述如下：

课程目标 ——思考——> 教师期望幼儿在课程活动中的学习表现为……

1. 认识蝌蚪和蛙类的种类与特征
2. 了解蝌蚪和蛙类的习性与生存环境
   - (1) 对蝌蚪和蛙类的种类与特征有初步的了解
   - (2) 能观察并比较蝌蚪和蛙类两者外形的差异点
   - (3) 能观察并比较不同种类蝌蚪（蛙类）外形上的特征

3. 培养对蝌蚪和蛙类的科学观察能力
   - (1) 初步认识蝌蚪和蛙类的习性
   - (2) 对蝌蚪和蛙类的生存环境有初步的认识

4. 培养对蝌蚪和蛙类的兴趣
   - (1) 能承担照顾蝌蚪和蛙类的工作
   - (2) 会翻阅书籍寻找相关的资料

当前述课程目标或学习期望适切转化后，转化后的结果可成为主要的检核表项目或指标，再据以转化为检核表形式，成为便于教师使用的表格（详见表7-6）：

表7-6　幼儿课程学习检核表

课程名称：蝌蚪变青蛙・班级：大班・幼儿姓名：_____・日期：_____

检 核 项 目	达到期望	有进步	备注
1．对蝌蚪和蛙类的种类与特征有初步的了解			
2．能观察并比较蝌蚪和蛙类两者外形的差异点			
3．能观察并比较不同种类蝌蚪（蛙类）外形上的特征			
4．初步认识蝌蚪和蛙类的习性			
5．对蝌蚪和蛙类的生存环境有初步的认识			
6．能承担照顾蝌蚪和蛙类的工作			
7．会翻阅书籍寻找相关的资料			
综合讨论：			

老师签名：_____

使用注意事项：填写检核表前，请先回顾幼儿在课程活动中的表现，包括幼儿的学习单、作品、参与及表现状况，再判断幼儿是否达到目标，是否有进步。若有，请打✓，若都无，请留空白。将幼儿的特殊表现，或特别需要关注的事项，于备注中简短描述。

综合前述课程类型检核表的讨论，教师在规划或应用此类型检核表时，应了解并思考下述要点：

1. 检核表须秉持课程设计的原则，以课程目标、课程内容以幼儿兴趣及发展阶段为主，其中检核表的项目应与课程目标互相呼应，由此可看出"儿童发展"、"课程设计"、"儿童行为与观察"等专业学习的重要性。

2. 检核表虽能快速勾选完成，但检核过程不应随便作判断，甚至不经思考。专业的教师可回顾在学习活动中所作的幼儿轶事记录，或所搜集到的幼儿学习单、作品和照片等，再对幼儿的学习状况逐一检核；也可在课程进行中，观察到幼儿的学习表现立即检核、作记录，但过程中若幼儿行为表现出现不一致的情形，则需辅以更多证据进行判断。

3. 检核表勾选常以二分法"是"或"否"、"有"或"无"，但在实际评量上，教师对于幼儿的表现、程度，有时不易如此截然二分地评量，这也容易造成家长在阅读简易量化的检核表时，不了解教师评量的标准何在。因此，幼儿若有特殊表现，或出现需要特别关注的情形时，教师应以文字补充说明。

4. 单一使用检核表法，或只是勾选"是"或"否"、"有"或"无"等记录幼儿的学习表现，缺乏其他支持幼儿学习的证据（如轶事记录、幼儿学习单、作品或照片等其他记录方式），有时将不易看出幼儿的发展程度，也不足以呈现幼儿的全貌。因此，如果检核表内留有"备注"的空间，让幼教老师作一些文字描述，加上搭配"学习证据"，更有益于教师评估幼儿的行为。

5. 若采用别人设计的检核表，并非照单全收，应先了解检核项目的内容，或推测原设计者的思考架构，并对照自己在儿童发展与课程设计方面的专业领域的学习，从中学习内化，依目的设计出适合的检核表。

三、学习领域类型的检核表

学习领域类型的检核表，使用时机常为历经较长的学习阶段后，如在期末，或期初和期末（以做比较）分别使用，以了解幼儿整体学习、发展状况。

美国密歇根大学教育学院迈泽尔斯（S. J. Meisels）与其同事曾研发"作品取样系统"（Work Sampling System），便是以学习领域为区划，形成幼儿学习状况的检核表。前述作品取样系统包含发展指引、学生作品集（Portfolios）、综合报告（Summary Reports）三个相互关联的系统。其中"检核表"的前身——"发展指引"的编写，融入了美国数学教师学会、英语教师学会、科学促进会有关课程发展与教学实务的标准；除此之外，发展指引的内容也配合美国国家教育目标委员会所提出的教育方案，以及美国幼儿教育协会所提出的发展合宜教学。另外，发展指引还融入了许多其他的考量，包括地方的课程标准、儿童发展的研究、资深教师的经验。迈泽尔斯鼓励使用者可以依据自己的国情、文化、课程标准研究设计适合在地使用的"作品取样系统"。

以该系统检核表为例，分三个检核时间：期初（约开学后第11周）、期末（约开学后第22周）、学年末（约第22周）。虽然建议使用检核表的时间如前，在填写检核表时，仍要依据期间所有的观察作判断，使每一项目的勾选代表着许多观察的综合。另外，此份检核表强调的是以课程为基准（curriculum-embedded）的评量，它以评鉴幼儿在教室中自然发生的行为为准。所以，教师应该不需测验学生就能填写检核表。

前述检核表将"幼儿表现指标行为"依程度区分为下述三等级：

（一）尚未发展

幼儿尚未展现检核表指标所列的技能、知识、行为或成就。

（二）发展中

幼儿间歇性地展现或逐渐出现检核表指标所列的技能、知识、行为或成就，但并非很稳定地出现。

（三）熟练

幼儿能稳定地展现检核表指标所列的技能、知识、行为或成就。

表现指标是依据发展合宜的活动订定的，反应一般教室内的经验与期望。但是，它们并不是要用来作儿童间的比较，就尊重幼儿个别差异的角度，并不期望每一名儿童在一学年结束时，在每一个指标上都能达到"熟练"的程度，这是勾选检核表时，老师心中必须掌握的一把尺。

关于学习领域类型检核表的设计，兹以迈泽尔斯的作品取样系统为例，列举大班幼儿在"个人与社会发展"学习领域的检核内容，说明如下：（廖凤瑞、陈姿兰编译，2002）

表7-7　学习领域检核表示例

个人与社会发展			
（一）自我概念	开学	学期末	学年末
1．对自己有自信。　　　　　尚未发展	□	□	□
发展中	□	□	□
熟练	□	□	□
2．主动寻求及从事活动。　　尚未发展	□	□	□

（续表）

个人与社会发展				
	发展中	☐	☐	☐
	熟练	☐	☐	☐
（二）自我控制		开学	学期末	学年末
1．遵守教室常规及从事教室例行性活动。	尚未发展	☐	☐	☐
	发展中	☐	☐	☐
	熟练	☐	☐	☐
2．有目的地使用材料，并尊重材料。	尚未发展	☐	☐	☐
	发展中	☐	☐	☐
	熟练	☐	☐	☐
3．能适应活动上的转换及变化。	尚未发展	☐	☐	☐
	发展中	☐	☐	☐
	熟练	☐	☐	☐
（三）学习方式		开学	学期末	学年末
1．对学习有热忱及好奇。	尚未发展	☐	☐	☐
	发展中	☐	☐	☐
	熟练	☐	☐	☐
2．会选择新的及多种熟悉的教室活动。	尚未发展	☐	☐	☐
	发展中	☐	☐	☐
	熟练	☐	☐	☐
3．做事有弹性及创意。	尚未发展	☐	☐	☐
	发展中	☐	☐	☐
	熟练	☐	☐	☐
4．能持续专注做一件事（即使遭遇到问题）。	尚未发展	☐	☐	☐
	发展中	☐	☐	☐
	熟练	☐	☐	☐
（四）与他人的互动		开学	学期末	学年末
1．易与其他儿童游戏或合作。	尚未发展	☐	☐	☐
	发展中	☐	☐	☐
	熟练	☐	☐	☐
2．容易与大人互动。	尚未发展	☐	☐	☐
	发展中	☐	☐	☐

(续表)

个人与社会发展				
3．能参与教室内的团体生活。	熟练	☐	☐	☐
	尚未发展	☐	☐	☐
	发展中	☐	☐	☐
4．能参与教室的活动并遵守规则。	熟练	☐	☐	☐
	尚未发展	☐	☐	☐
	发展中	☐	☐	☐
5．对他人表现同情与关心。	熟练	☐	☐	☐
	尚未发展	☐	☐	☐
	发展中	☐	☐	☐
	熟练	☐	☐	☐
(五) 冲突解决		开学	学期末	学年末
1．需要解决冲突时，会寻求大人的协助。	尚未发展	☐	☐	☐
	发展中	☐	☐	☐
	熟练	☐	☐	☐
2．会以言语解决冲突。	尚未发展	☐	☐	☐
	发展中	☐	☐	☐
	熟练	☐	☐	☐

资料来源：幼儿表现评量——作品取样系统（Samuel J. Meisels 著，廖凤瑞、陈姿兰 编译）心理出版社。

在使用学科领域类型检核表时，教师应了解与思考下述要点：

（一）设计检核表时，应顾及幼儿园课程标准的精神，并以符合课程标准的规划为宜。

（二）检核表可以提供教师"观察的参考架构"。熟悉检核表内容，便能够使用检核表来架构对幼儿的观察，而教师的观察技巧决定了检核表能否得到适当使用。

（三）教师的观察技巧决定了检核表能否得到适当使用。教师如何在幼儿工作时或与他人、材料互动时记录他们的行为，其实需要时间与练习。除了观察幼儿外，观察也可协助教师反思自己的教学，使自己成为更敏锐的观察者及更优秀的老师。

（四）检核表的使用时间多为期初、期末或学年末等不同时段，但不表示只有这些分散时点应做观察，观察是随时记录的，持续性及系统的观察有很大的威力。因此，在填写检核表时，要依据在期间所有的观察作判断，每一项目所勾选的代表着许多观察的综合。

（五）因应亲职教育、亲师沟通模式的转变，检核表"勾选栏"内容也应做一些调整及修正，将选项列得更详细。例如：以往检核表选项是二分法的"尚未发展"、"已发展"，家长面对二分法代表的截然不同阶段，在阅读时可能会有困扰或过度担心，因此可考虑将检核表的选项区分为较多不同程度，并多搭配轶事记录、作品等作为辅助观察证据。

四、单一行为类型的检核表

单一行为类型的检核表是指将幼儿的行为设计成检核表的形式，可以解决需耗时较多的文字记录问题，同时可提供丰富的幼儿行为信息，供观察者参考。

在使用时机方面，例如：教师欲掌握幼儿特定行为的发生情形（单一幼儿，或发生此特定行为的幼儿们），如每次发生的行为类型、频率，进而分析原因及研拟处理结果时，即可应用之。对单一幼儿，可以为其建立资料档案，提供一种简表方式，作为与家长、医疗单位沟通、咨询解决问题之用；对于许多幼儿都会发生的特定行为，教师可以用较广的角度去检视、了解此行为在幼儿之间发生的概况，进而分析成功的处理方法，这也是建立幼儿行为辅导方法的适当策略，甚至可供实习教师作为案例教学。

在选用现成或自行设计单一行为类型的检核表时，应注意检核表的内容宜符合一般幼儿的阶段发展，或参考幼儿行为辅导专业书籍评估检核内容的适切性。以自行设计的检核表为例，当教师欲了解幼儿入学适应的概况时，先对幼儿进行辅导，或对课程、教学做省思，将有助于建立一个检核概况表。

概况表的内容可先对幼儿的入学概况，列出欲了解的项目及目的，澄清检核项目的意义性；再依据前述概况表内容，逐步发展成为对于幼儿特定行为的检核表。兹列举幼儿入学适应概况分析表如表7-8，依据前述概况表，进一步发展的检核表详如表7-9。

表7-8　幼儿入学适应概况分析表示例

主题	分析项目	检核选项	目的
适应入学概况	背景经验	有无上学经验：有／无	了解孩子的学校经验
		手足概况：兄／弟／姐／妹	了解孩子的友伴互动经验、手足关系（有无兄姐上学经验的影响）

(续表)

主题	分析项目		检核选项	目的
适应入学概况	背景经验	较长时间依附的照顾者	父	了解孩子之前的家庭教育经验
			母	
			（外）祖父母	
			保姆	
			外佣	
	学校概况	分离焦虑	无	可以在检核表内备注栏中，简单记录孩子概况（例如：哭泣、退缩、旁观等），及老师的处理方式（例如：目前可依附学校某一大人，需要爸妈陪伴，带领进入活动即可转移注意力……）。
			有	
		学校角落的兴趣	美劳角	了解孩子在幼儿园展现的兴趣，与家长沟通时，可多对应孩子在家中有兴趣的事物
			图书角	
			积木角	
			益智角	
			扮演角	
		与友伴互动的状况	主动	可以在检核表内备注栏中，简单描述孩子的特殊表现：热心助人、有技巧、旁观不加入、不回应、依兴趣选择友伴（多是哪类友伴：娃娃家扮演、积木、机器人战斗……）
			被动	
			跟随某友伴	
			独自一人	
			退缩不回应	
		团体活动的参与状况	投入	要随时将现场状况与检核表对照，选项内容彼此间是否意义上有重叠
			旁观（有注意但选择不加入）	
			抗拒	
			到处走动	
		处理冲突	先动手打	了解幼儿面对冲突、挑战时的应对方法，与家长沟通时，可多对应幼儿在家的状况
			先哭泣	
			先告状	
			旁观、不知如何处理	
		适应状况	良好	可回头重新检视前面项目，最后检核适应状况如何，做全班性的幼儿适应比较
			稳定适应中	
			需再观察、辅导	

表7-9 幼儿入学适应概况检核表

※符合者打√

幼儿姓名	背景经验			幼儿园概况						
^^	幼儿园经验	手足概况	主要照顾者	分离焦虑	角落兴趣	友伴互动	团体活动	处理冲突	适应状况
^^	有 / 无	兄 / 姐 / 弟 / 妹	父 / 母 / (外)祖父母 / 保姆 / 外佣	有 / 无	扮演角 / 益智角 / 积木角 / 图书角 / 美劳角	主动 / 被动 / 跟随某友伴 / 独自一人 / 退缩不回应	投入 / 旁观 / 抗拒 / 到处走动	旁观 / 告知老师 / 先哭泣 / 先动手打	良好 / 稳定适应中 / 需再观察、辅导
△△△	√(有)	√(兄)	√(外佣)	√(无)	√(美劳角)	√(主动)	√(投入)	√(旁观)	√(良好)
○○○	√(有)	√(姐)	√((外)祖父母)	√(有)	√(积木角)√(图书角)	√(退缩不回应)	√(旁观)	√(告知老师)	√(稳定适应中)
☆☆☆	√(有)	√(弟)√(妹)	√(父)√(母)	√(有)	√(扮演角)√(益智角)√(美劳角)	√(跟随某友伴)√(独自一人)	√(抗拒)√(到处走动)	√(先哭泣)√(先动手打)	√(需再观察、辅导)

使用单一行为类型的检核表时，教师应了解与思考下述要点：

（一）规划检核表前，教师最好对幼儿行为有足够的认识，经过不断的观察、分析与整理，对行为的内涵有更深刻及系统的了解后，便能够将幼儿行为架构成较完整的检核表形式，代替描述性记录来使用。在尝试建立检核表架构时，注意多观察，将现场经验与行为架构和检核表相对照，随时增加、删除、修正选项，就是成功应用的第一步。

（二）若采用他人设计的检核表，要记得随时将现场状况与检核表相对照，检视选项内容是否适合自己班级，选项间是否有意义上的冲突，适度修正以适合班级幼儿使用。

本章介绍检核表法的方法与实施内容，观察者在实际应用前，宜对此方法的内容有完整认识，并有计划地练习检核表的使用方法，待相关能力逐渐成熟后，再应用于教学现场。兹将检核表法的实施程序汇整如表7-10，此表可用于观察前确认准备工作，以及观察后确认观察记录资料是否完整。

表7-10　观察程序确认表——检核表

观察阶段	观察步骤		说　　明	确认栏	备注
1．计划	1-1	确定观察目的			
	1-2	制作（选择）适合的检核表			
2．过程	2-1	熟悉检核表架构			
	2-2	仔细观察，与搭档讨论			
	2-3	客观记录			
3．分析评量	3-1	归纳整理			
	3-2	诠释分析			
	3-3	资料呈现	3-3-1　纳入学习档案		
			3-3-2　亲师沟通资料		
			3-3-3　撰写研究报告		

1．在确认栏内以"✓"的方式确认已完成的观察步骤。
2．利用观察程序确认表，确认观察工作的进行状况。

思考作业

1. 何谓检核表？
2. 检核表有哪些使用特性？
3. 检核表的适用时机为何？
4. 请简述检核表的应用流程。
5. 使用检核表的优缺点各为何？
6. 您认为幼教老师在使用检核表进行观察之前，应经过哪些训练内容？
7. 试将检核表与事件取样相较，说明两者之间的异同。
8. 试将检核表与时间取样相较，说明两者之间的异同。
9. 试将检核表与轶事记录相较，说明两者之间的异同。
10. 请以幼儿园教学为例，举出至少三项适合应用检核表的时机。

第八章　影音记录

张明杰

本章概要

第一节　方法概述

第二节　观察与记录

第三节　示例探讨与分析

什么是影音记录？
常使用的影音记录工具有哪些？
影音记录有哪些优点及限制？
幼教工作者如何应用影音记录？

前面几章所介绍的都是以文字记录幼儿行为观察的结果。随着科技的进步，使用数码影音工具来做观察记录，也慢慢普及化，形成了一种趋势。在现今网络普及的时代，将数码影音记录通过网络来发表与分享，已经非常便利。因此，电子影音工具已经成为教学研究中非常有用的利器，而懂得运用电子影音工具来作观察记录的能力，也成为教学工作中相当实用的技能。

本章将分成三节探讨影音记录的内容与实施。首先是"方法概述"，说明影音记录的定义，以及数码影音工具的简介与应用；其次是"观察与记录"，探讨影音记录的应用范围、使用的前置准备工作，以及实施时的注意事项；最后为"示例探讨与分析"，具体提出影音记录的应用实例，分析各种应用的时机、限制与克服方法。

第一节 方法概述

本节将就影音记录的定义，以及数码影音工具的种类与应用，分项说明如下：

一、何谓影音记录？

影音记录，是指数码影音工具在行为观察记录上的应用。常用的影音记录可以包含三种资料形式：照相、录影以及录音。照相可以记录行为发生瞬间的静态画面；录影则可以记录更丰富、更完整的动态影像与声音；录音则可以将语言、音乐等对声音的观察，作更详细生动的记录。目前的数码影音工具，大都同时可以记录影像与声音。

运用数码影音工具来进行教学上的行为观察记录的能力，包括对各种影音工具性能与操作技术的了解，也包括运用数码影音工具来改善教学工作，让数码影音记录可以帮助行为观察研究或是教学结果的呈现。影音工具的操作技术与保存媒介的使用固然重要，但是这些毕竟只是工具，重点还是要从教学行为观察的需求出发，来规划影音工具的使用，并懂得如何适当地将照片、录音或影像资料与文字资料整合来制作幼儿行为观察的报告。

二、影音记录工具简介

数码影音工具的性能与保存格式的更新速度很快，因此，这里只提供一个初步的简介。对数码影音工具感兴趣的人，应该要常常注意相关的信息，或请教专业人士，以便充分利用最新的影音产品来进行教学观察与记录工作。

以下将数码影音工具按照相、录音与录影分别加以说明。

（一）照相

静态的照相常使用数码相机或传统相机。传统相机由于需要冲印成本，目前已渐渐转变为只有专业人士还在使用。数码相机已经变成目前最普遍的个人照相工具。而对于教育工作者来说，全自动（傻瓜型）的数码相机，因为操作简便，又可以结合电脑保存与展示，是最适合的照相工具。数码相机的解析度技术更新速度很快，从200万像素发展到现在千万像素以上，选择很多。目前多数手机也提供良好像素解析度的照相功能，在手边没有相机的场合，可以代替相机来拍照。

（二）录音

录音设备的选择也很多样化：从传统使用卡带的录音机与随身听，到使用数码方式录音的mp3数码录音机或录音笔，以及手机、PDA、笔记本电脑等便携式设备的录音功能，都可以应用在声音的记录上。甚至也可以用DV（Digital Video）录影机记录现场影音，然后再利用编辑程式撷取出声音记录。录音时，麦克风的好坏与位置会决定录音效果。大部分访谈用的录音机有内建麦克风，但也可以视需要购买更好的外接麦克风，以便录音时可以更靠近录音的主体与现场。

（三）录影

在录影工具中，目前最普遍的是DV摄影机。DV摄影机可以使用mini DV录影带，再进行数码剪接。也有的DV摄影机可以直接录在DVD光盘或是内置的硬碟上，甚至还有更新的高画质电视规格（HDTV）的摄影机。一般来说，个人使用的录影影像保存规格，是以DV格式以及DVD画质作为最基本的技术标准的。虽然市面上还可以见到一些旧式的VHS、SVHS、Hi8、D8等录影带规格以及VCD的保存格式，但是考虑到画质及未来放映器材的相容性，以及保存与编辑的容易度，最好还是使用DV格式以及DVD画质作为规格标准。

许多的数码相机与手机等便携式装置也提供简单的录影功能，而个人电脑的

Webcam 也可以用来作类似的简单录影，但是这些工具的录影画质与 DV 相差很远，只适合在没有 DV 摄影机时使用。

三、影音记录的数码保存格式

相片、录音与录影，都可以用数码格式记录保存在电脑档案里。相片一般常用如 jpeg、gif 或是 bmp 等格式来储存；录音则是用 wav 或是 mp3 等格式来储存；录影的储存格式则有 mpg、avi、wmv 等档案格式，Real Video 格式，或是 DVD 播放格式。

这些数码电脑档案，可以用硬碟、光碟（CD 或 DVD）或是记忆卡来储存，也可以将它们储存在网络空间里，比如博客、网络相册、You Tube 等，方便与其他人分享。

四、数码影音记录资料的发布

影音记录资料通常需要与文字说明或记录整合，成为具有整合视听效果与文字内容的影音多媒体报告。最常见而简单的应用方式，是在文字报告（如 word 文档）里加入照片，使原本只有文字的观察记录表变得更加生动。另一种常见的形式是 PowerPoint 简报，可以结合照片、声音、录影等来呈现记录成果，甚至还可以加入动画效果。

影音记录资料也可以结合网络，运用网页或博客发布幼儿行为观察的影像记录，可以让更多人透过网络阅读。但是因为网络的传播对象太广，在使用时必须注意到，影像资料在网络上公开，是否会造成对观察记录中的幼儿的隐私权或是肖像权的侵犯。使用时必须特别注意相关法令与幼儿家长的意愿。

五、数码影音工具在教育应用上的优点

用直接观察与文字记录作为行为观察记录方式，往往会因其对观察者记忆的依赖与主观的限制而有不足之处。观察者可能会因为记忆与注意力有限，而遗漏重要的细节；或是观察者在当时无法理解观察到的行为的意义与重要性，因此无法用适当的文字记录下来。这些限制，都可以靠影音媒体来改善。以下提出几项影音工具记录教学现场行为观察的优点：

（一）生动与丰富

现场的事件，如果加入照片来说明，会比只用文字描述来得更加生动，更引起人们的兴趣。像报纸、杂志等，加入了照片或图片，可以胜过大篇幅的文字。西方的俗话说："一张照片胜过千言万语。"道理正是如此。比如说，教学活动进行中，如果能将重要时刻里幼儿的参与状况、反应与表情照下来，可以让读者更容易了解关于教学的文字描述，并且可以看到教学进行时的反应与成效。相机记录了所观察之事物，又不会在记录中掺入观察者自身的反应，且可随时再拿出照片来重新予以分析。

（二）补足文字的不足

语言、声音（像幼儿的歌唱表现），或是伴随着说话时的情绪、语气，有时候无法准确用文字描述下来。这时候，可以用录音的方式将语言或音乐行为事件记录下来。而参与活动时的情绪、表情、身体姿势等社会心理学谈到的非语言沟通行为，就很适合用照相或是录影来记录。

（三）弥补观察者之记忆与注意力的限制

观察者的记忆容量与注意力有限。照相、录音、录影，都是很方便的记录工具。配合录音来进行访谈，或是在日常生活里用影像来记录事件的发生，可以留下更具体、更丰富的记录，以便事后再进一步用文字作记录与分析。

（四）提供具体影音记录以便作客观分析与说服他人

利用影音记录行为，可以为不在场的人提供与观察者文字记录不同的另一个现场证据，以避免只仰赖文字记录，受到观察记录者的观点与文字表达能力的限制而可能产生的偏向。影音记录可以提供更具体的证据来作为行为观察的分析与诠释的依据，并可以用来佐证推论与诠释的分析结果。

（五）运用影片回馈策略提供自省与评鉴

影片回馈（video feedback）策略是教导者通过录影器材，将个案的行为过程予以拍摄，再将录制好的影片播放给个案观看，提供个案自我省思与回馈评鉴的一种策略。这种策略运用范围很广，单独使用声音的录制亦很普遍，如演讲的语音训练、说故事的技巧训练等都是录音回馈策略。在幼儿教育领域中，影片回馈策略可用于幼儿自我评量、幼儿同侪评量、教师教学评鉴等。一般而言，影片回馈策略的实施包含以下步骤：

1. 事前准备：教导者为个案说明影片回馈的实施方式及过程。
2. 影片观赏：教导者与个案一同观看录制好的影片。
3. 进行检视：教导者与个案一同针对影片中的良好或不良行为进行检视讨论。
4. 提供建议：教导者根据个案的行为反应，提供合适的改进方法。

六、不同影音工具的特性比较

为进一步说明照相、录音与录影三种影音工具的特性，兹列如表8-1以作比较。

表8-1　三种不同影音工具的特性比较

媒体种类	相　片	录　音	录　影
主要功能	记录瞬间影像	记录声音	记录动态影音
适用场合	单一主题的人物与事件	说话与音乐活动	可以长时间完整地记录活动事件或行为历程
保存格式	jpg、bmp、gif	wav、mp3、wma	mpeg、avi、wmv、DVD
呈现与分享	可用电脑与相机播放，也可以冲洗照片，或做成光碟、印刷物、网页、博客等；列印或冲洗后不需器材也可观看	可用电脑或音响播放，也可另外做成光碟或放在网络上；需要使用压缩格式（mp3）保存	可用电脑或相机播放，也可外接电视观看；需要剪辑与转换档案；需要较大的储存空间
成本	低，普及	低，附属器材比照相多	较高，要特别准备DV录影相机与相关器材
技术难度	最简单，基本照相技巧	简单；录音设备的操作，麦克风的运用，以及声音档的转档与保存	较难；除了基本照相技巧外，还需要学习动态影片的摄影与剪辑

第二节　观察与记录

本节将就影音记录的应用范围、器材准备、实施的前置作业以及后置作业注意事项，分项加以说明。

一、影音记录的应用范围

影音记录在幼儿教育现场的行为观察上，可以应用于下列事项：

（一）学习档案（learning portfolio）

学习档案指学习者在一段时间的学习过程中，保留、搜集、整理各个方面的资料与作品，以反映或显现学习者的真实表现与进步或改变的情况的文件（黄耿钟，2002；张基成，2003）。学习档案通常是文字、相片、影音记录整合的多元呈现，其内容包括可以与家长分享的，或以个别幼儿为主的学习记录与生活记录，亦可包含幼儿的访谈影音等。非私密性的影像记录，亦可借教室一角的电脑自动放映，幼儿会很期待看到自己的影像出现，一而再，再而三地站在电脑前观看。

（二）幼儿的成长与发展记录

此项记录呈现具有时间顺序的发展前、中、后的幼儿影像或声音的记录。摄影与录音的工作亦可邀请幼儿参与，录制的记录可与家长讨论，亦可与幼儿讨论。

（三）幼儿的轶事记录

此项记录指观察者在不刻意安排的自然情境中，将重要事件或有趣的事件，以影像或录音方式记录其发生的经过和情境，亦可佐以文字描述，有关注意事项请参阅本书第六章。

（四）教学档案

此项记录指教师在一段时间的教学过程中，保留、搜集、整理各个方面的资料与影像，以反映或显现教学者的真实表现与课程进展的情况。教学档案就是一种教学记录，或教学设计的动态展现，通常也是文字、相片、影音记录整合的多元呈现，可作为教学参考与自我省思之用，亦可供正接受师资培育的未来老师参考。

（五）教学评鉴或幼儿评量

前述教学档案可供教学评鉴之用，不管是自我评鉴、教师同侪评鉴，或供主管、督学评鉴，都是很具体的依据。幼儿学习档案则可供评量之用，如档案中对单次或数次的角落活动、主题活动、发展过程片段的影音记录都是很具体的实践评量资料，也是和家长讨论其子女成长、学习的重要参考题材。2012年，台湾地区幼托整合，教育主管部门颁行《幼儿园教保活动课程暂行大纲》，规定幼儿园的评量包括教师的教学评量及幼儿的学习评量，观察记录是重要的评量方法，亦可参酌运用影音记录，详情请参阅第九章"观察与记录应用于幼儿能力评量"。

（六）教育现场纪录片

可以提供教育现象的纪实，或提出诠释与批评的观点等。例如：最近公共电视台制作的教改系列纪录影片，就可以作为教育现场影像记录的参考。

前述幼教现场的行为观察，为求观察记录结果更真实、丰富，除采用本章介绍的影音记录外，可斟酌采用或兼用前几章的观察记录方法，如影音记录配合事件取样或时间取样来进行。有关这些应用的示例请参阅本章第三节"示例探讨与分析"。

二、进行影音记录的器材准备

（一）照相记录

由于幼教现场的行为观察都是随机进行的，故要随时准备好可以拍照的准备。因此在照相之前，相机就要调整到适合工作的状态，包括电池的充电要够，记忆卡要有足够的空间，另外最好携带充好电的备用电池以及备份的记忆卡。如果有轻便的脚架也可以事先准备，以保持相机的稳定度。闪光灯对于室内拍摄很实用，但是容易破坏现场事件的自然进行以及相片的颜色，因此建议少用闪光灯。部分特殊的相机操作模式，比如说对焦、闪光灯、色温与快门速度等，最好要事先学会如何调整。

相片拍摄时要注意的摄影基本技巧包括：对焦、构图、取景、光线、闪光灯使用与否、手持相机的稳定度，以及按下快门的时机。常常练习就容易掌握这些摄影技巧。

拍摄的重点与主题要事先计划好，并且同一个人物或主题可以拍两张照片，并变化取景方式（局部特写、单一人物特写、几个主要人物的近景，或是整个教室现场的中景等）以便事后选择相片。可以多拍几张，事后再加以选取，以免事后发现照得不好，无法使用。而为了方便事后整理，最好在笔记本上大略记载拍了什么事件或主题，以免事后整理时忘记细节。

（二）录音记录

传统的随身听录音机操作简便，而现在的数码录音设备很多，有时候操作上不是那么直观，最好事先练习，并使用操作最熟练的机器来录音。传统卡式录音机由于按钮大，操作便利，也可以设计活动让幼儿自己来操作，记录下自己与同伴的声音。

在录音前记得电池要更新或是充电足够，录音带或是记忆卡也要有足够的空间。最好事先试录一小段声音，将时间、日期、场合读出来当作录音标签，方便事后整理归档。所有的麦克风、插头、连接线、电源线等都要携带齐全。

外接式麦克风可以改善录音品质。在背景嘈杂的场合，可以配合单向麦克风来录音，会减少很多杂音。谈话访问避免在嘈杂的环境下进行，音乐歌唱最好也用麦克风。麦克风或是录音机的位置，如果能贴近说话者会更好。

声音档案最好以mp3格式来储存，以节省资料空间。如果录音机使用其他格式，要注意声音文件格式的相容性与转换方式。

（三）录影记录

录影前的准备包括：熟悉DV录影机的操作，电池的充电要够，DV带或是录影用的DVD或硬碟的记忆空间要足够，备用电池、电源器、备用录影带或DVD、放映用的连接线以及脚架，最好都事先准备好。一般来说，DV在光线较暗的场合也可以拍摄，因此不需要外加照明用的摄影灯光。

DV录影机的操作并不难，要注意的摄影技巧与照相类似，比如说对焦、构图、取景、光线等。每一台DV录影机的操作模式，如调整色温与快门速度的方法等，最好事先了解掌握。

在拍摄录影带时，画面的稳定度很重要，否则观赏起来会有晕眩感，需要时可以多使用脚架。另外，在拍摄时适度地变化镜头远近，让拍下来的画面特写、近景与中景相互交错，可以让影带生动，避免单调。常常练习就容易掌握这些录影摄影技巧。

与录音准备一样，可以事先试录一小段画面，将时间、日期、场合写在白纸上当作录影的标签录下来。另外，最好也用笔记本记下拍摄的大概内容，以便事后整理归档以及剪辑。

三、影音记录的前置计划

（一）前置作业

在拍摄前，要事先计划好记录的焦点是什么：是整体事件还是个别行为？是教师还是幼儿？是记录课程进行还是呈现教学环境？这些问题要事先计划好，可以写成清单，观察时会比较有效率。

记录的对象是什么，也影响记录器材的选择。记录复杂热闹的现场事件，使用录影就比使用录音更好。但呈现的时候就必须使用器材播放。如果使用静态的照相，则方便配合文字与口语说明一起呈现。因此，预先考虑发表呈现时的格式与用途，也会影响影音记录工具的选择。

在拍照时，如果错过现场事件的自然发生，没有拍到重要场合，可以要求幼儿重新来拍照，但是在自然状况下拍的照片看起来一定是最自然而真实的。

（二）观察者与被观察者的关系

观察不仅涉及视觉，亦含括听觉、感觉与嗅觉（Adler & Adler, 1998）。观察者与被观察者的关系有下列五个向度：（李政贤等译，2007）

1．隐藏式观察vs.公开式观察；
2．非参与式观察vs.参与式观察；
3．系统性观察vs.非系统性观察；
4．在自然环境中观察vs.在人为环境中观察；
5．自我观察vs.观察他者。

观察记录的行为本身就有可能改变被观察者的行为，因此观察前就要厘清观察者与被观察者的关系。人们知道自己被观察，在照相或是录影时会因为这样的自觉，而表现得与平常不大一样。要进入现场而不影响现场的活动与行为，比较实际的做法有两种，一种是承认记录者与被观察者的互动状态，在记录时就让被记录者知道他们是录影、录音或照相的对象，亦即公开式观察，并在观察记录里面写明这是在录影或照相之下的幼儿表现。一般来说，这比较符合教育现场观察时的观察记录者与对象的互动状况。

另一种方式就是人类学家或是田野工作者所说的参与式观察记录法。这需要观察者长期进入现场，与被观察者打成一片，让幼儿暂时忘记被观察的事实，而逐渐表现出原本的行为。这样的观察，也可以在技术上避免用闪光灯，或是将摄影机或相机放在不显眼的地方，来帮助幼儿忘记被观察的事实。

四、后制作业注意事项

（一）记录档案的保存与整理

相片整理的工作量通常还不会太大，但是大量拍摄的录音与录影资料事后要进行整理、分类、剪辑、转换格式等工作，就有可能造成额外的工作量。在规划影像记录时，必须把后期制作的时间与人力成本也考虑进去，并且在前置规划的时候，就计划好必须要拍摄下来的重点，避免毫无焦点地拍下一堆事后没有用的资料。

录音的逐字稿重誊与编码，有可能会造成负担，而影像的文字记录化更是不容易。建议在拍摄的同时，写下简单的笔记，记下重点，以便日后参考，并且最好在当日或第二天完成文字记录，不然时间久了，会忘记记录下来的事件或行为的细节。

（二）利用影音记录进行研究、诠释与推论的注意事项

如果照片、录音或录影是唯一留下来的记录，记录者就有可能过于依赖媒体记录，这反而也是一种限制。比如，在录影或拍照的记录者，因为要注意到拍摄，就会忽略现场正在发生的其他事情。如果有两位教师一起合作，一位作影像记录，一位写观察与文字记录，这样分工合作产生的多元记录会更完整，可信度更高。幼教现场通常一班会有两位幼教老师可以互相支援，但两位幼教老师事先要好好讨论录音或拍摄的主体，两人的默契要良好，才能记录到幼儿的真正行为表现。

在研究的发现问题阶段，影音记录可以提供文字之外的启发，发现文字叙述可能会漏掉的问题细节。视觉资料（照片、影像）与文本形式的诠释、呈现的相互对照，能够扩展对该研究对象的统整性观点。研究者不仅依据某特定的理论背景来获取视觉资料，也从某特定的观点来理解与诠释视觉资料（李政贤等译，2007）。但是也要切记，无论是照片、影像，还是声音，都不可能完全客观，都有其记录的局限，仍然要仰赖研究者根据专业来作诠释与判断。

第三节 示例探讨与分析

在任何时间与空间都可能需要对幼儿的行为进行观察，因为只要有幼儿的地方，

就有幼儿的行为可观察。前两节已说明影音记录的定义与进行观察记录时的注意事项，本节将举幼教老师较常运用影音记录的示例，来加以探讨与分析。

一、影像或声音结合文字的观察报告

（一）轶事记录

轶事记录指观察者在不刻意安排的自然情境中，将幼儿的重要事件或有趣的事件，以文字描述的方式记录其发生经过与情境。事件发生的经过包括事件发生前后的因果关系和来龙去脉，事件发生的情境则包括事件发生时，周围人、事、物的互动情形、应答对话等（引自本书第六章）。此轶事记录的含义中，"文字描述的方式"可以配合运用本章介绍的影像记录，而有关的"应答对话"则可用录音方式记录，形成影像与声音结合文字的观察报告。兹举表8-2之轶事记录为例分析说明。

表8-2　幼儿轶事记录表

幼儿姓名：彤彤	性别：女	观察日期：2×××.04.15
年龄：五岁六个月		观察时间：上午8：30（晨间律动前）

观察者：林主任
观察情境：幼儿园前门玄关鞋柜旁
轶事描述：彤彤自动帮安安穿皮鞋
　　晨间律动铃声响了，小朋友纷纷跑出来换室外鞋，四岁的安安不会穿短筒的皮鞋，彤彤看了连忙去帮他，刚穿好左脚的皮鞋，继续要穿右脚时，我赶忙回办公室拿相机，连续拍下彤彤帮安安穿右脚皮鞋的七张照片。
影像8-1　四岁的安安伸右脚到鞋子里，但后跟却进不去……
影像8-2　彤彤坐在地面，以便使力协助推后跟进鞋子里，但很难。
影像8-3　彤彤打量室内鞋与皮鞋的大小，思考着……
影像8-4　彤彤再用力试一次，仍很难。
影像8-5　彤彤再用力推，终于穿进去了。
影像8-6　彤彤改坐姿为蹲姿，帮忙绑鞋带。
影像8-7　彤彤绑好鞋带上的蝴蝶结了。

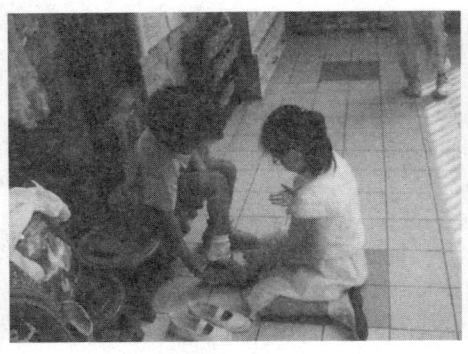

影像8-1	影像8-2

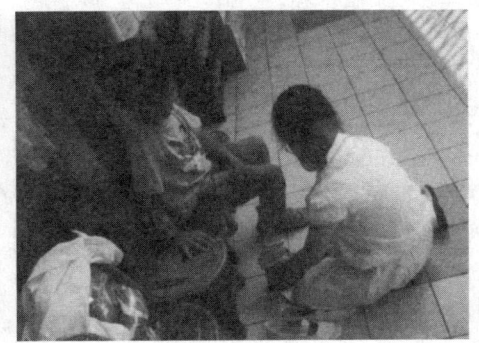

（续表）

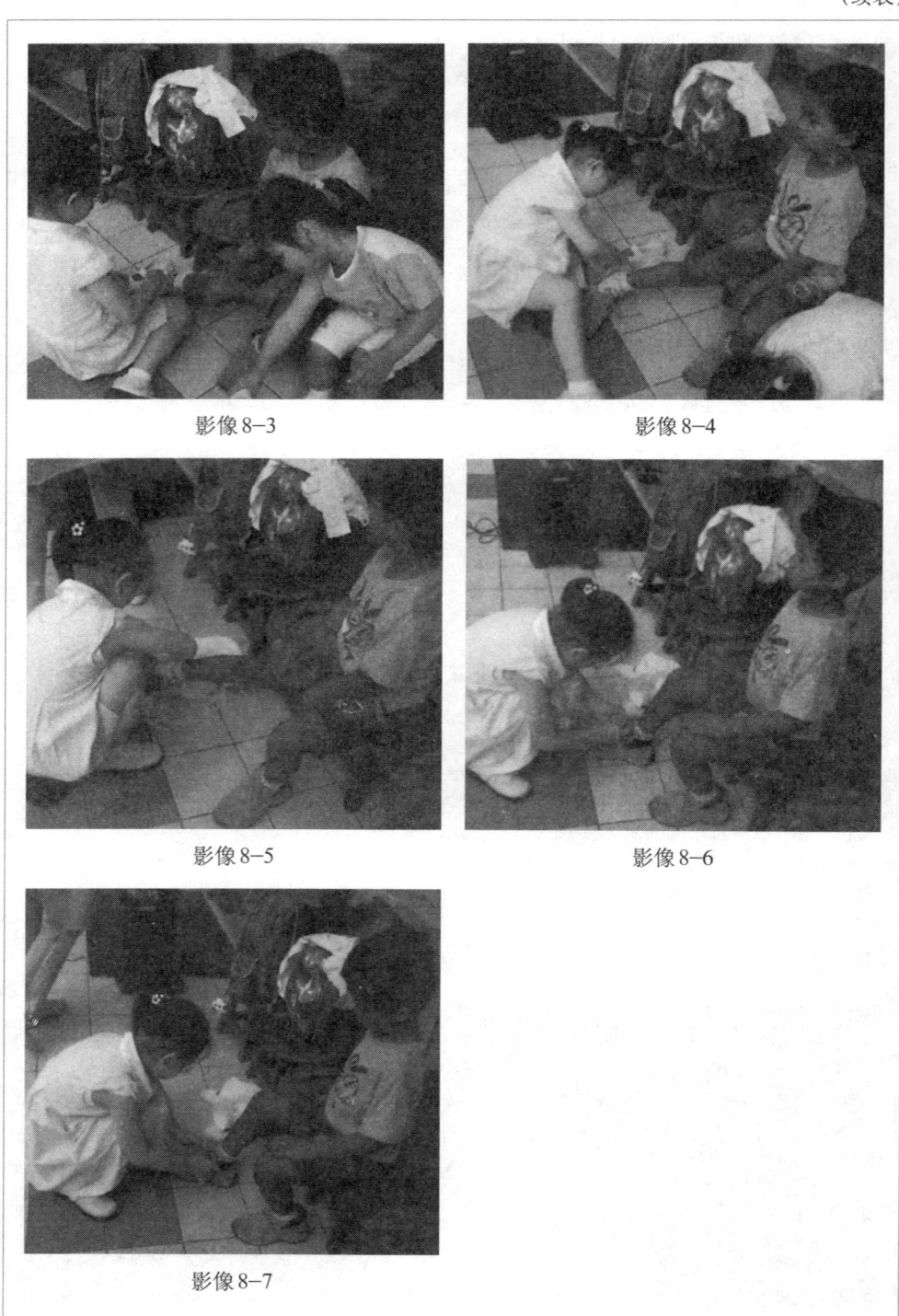

影像 8-3

影像 8-4

影像 8-5

影像 8-6

影像 8-7

资料提供者：台北市私立长青幼儿园

探讨分析：

1．以影像或声音来记录幼儿的轶事时，必须掌握关键时刻，在事情或情景发生的当下就能拿到器材，才能拍摄或录到那一刻的影音，所以幼教老师要时时留意，要遵照前面提及的前置作业程序，做好准备。

2．影音记录可使轶事记录得到更生动的传达，但仍要有文字记述来补充影音所显现的现象，当场目睹的观察者的诠释更须小心谨慎。

3．由于影像所占空间较大，设计轶事记录表时，可参考本书第六章的各种表格的形式，依需要再加以改变。

4．如幼教老师需加诠释时，可加"分析"或"备注"栏。

（二）幼儿学习档案

学习档案（learning portfolio）指在学习者一段时间的学习过程中，保留、搜集、整理各个方面的资料与作品，以反映或显现学习者的真实表现、进步或改变的情况的文件（黄耿钟，2002；张基成，2003）。

幼教老师与家长分享幼儿学习档案，等于提供家长一扇视窗，可以了解孩子成长的过程。如果在幼儿学习档案中有影像或声音的记录资料，更可以记录幼儿学习过程中的重要时刻与行为举止，而声音的记录又是该时刻特有的听觉印象，如用摄影机拍摄则影像与声音都能同时记录下来。通常一学期的幼儿学习档案可包括下列项目：

1．基本资料（照片、家庭概况、家访表、健检记录、发展检核表……）；

2．单元／主题网（本学期实际教学过的单元／主题网）；

3．学习单；

4．单元／主题评量表；

5．观察记录（含轶事记录）；

6．活动照片；

7．作品评量；

8．学期综合评量；

9．家长期望；

10．班级老师评语。

各园可酌情增减上列项目内容，本节只针对第5、6项提出示例来探讨分析。

多样化的幼儿的学习活动可运用影音记录来记录，如常见的学习角（区）活动观察记录、小组或团体活动记录、作品记录等，兹示例学习角（区）活动观察记录如表8-3、8-4：

表 8-3　学习角（区）活动观察记录

幼儿姓名：小哲	班级：中班（四岁半）	观察时间：××××年12月26日

学习角（区）名称：感官区

观察描述：	小哲在学习区时段，选择到感官区操作蒙氏教具"三项式"，他把积木分类摆放，然后尝试回想老师的示范顺序，一一排列归位，试三次，终于完成了。
老师的话	对四岁半的幼儿来说，三项式是较具挑战的，小哲对粉红塔、二项式很熟悉，三项式是最近尝试操作的教具，他很有耐心。
家长的话	小哲在家中也很喜欢较具挑战的组合积木，谢谢老师指导，我们希望他依自己的兴趣、能力学习就可以。

※ 资料提供者：台北市私立长青幼儿园。

表8-4 学习角（区）活动观察记录

幼儿姓名：倩倩&葳葳	班级：中大班（倩倩四岁三个月，葳葳五岁六个月）	观察时间：××××年9月5日

学习角（区）名称：数学区		
观察描述：倩倩与葳葳在学区时段选择到数学区，她们共同操作百格板，两人坐在地板上专心地讨论如何排列数字，花了十五分钟，排成了，又全部拿出来，再重排一次。		
老师的话	倩倩与葳葳，虽然年龄差一岁多，但很投缘，常常一起玩，一起工作，两人有讨论的行为，也能合作完成工作。	
家长的话	倩倩妈妈：很感谢老师指导，也高兴倩倩有个好姐姐作好朋友。 葳葳妈妈：葳葳常提起倩倩，真希望她们永远是好朋友。	

※ 资料提供者：台北市私立长青幼儿园。

有时在幼儿的学习档案中，没有表格的设计亦可插入幼儿的行为观察影像。此时可以只列出标题，不必深入描述分析，只供家长了解或帮助幼儿回忆当时情况，如下列影像：（资料提供者：台北市私立长青幼儿园）

小方（四岁三个月）夹珠子到有凹洞的吸盘

小品＆小禹（五岁八个月）操作彩色圆柱体

楷楷（四岁）双手攀爬攀爬架

在幼儿的学习档案中，也可放置亲子互动的资料，只要是幼儿整学期或整年的学习过程中，曾邀请家长来校或在家中的互动学习，都可用影像拍摄下来，也可请家长将幼儿说的话或与家长互动的对话录制下来，作为资料的一部分，一方面可以捕捉老师没有看到的幼儿行为，另一方面也可减轻老师亲自拍摄或录音的负担，例如表8-5：

表8-5　幼儿学习观察记录表——亲子互动

班级：太阳班	年龄：四岁六个月	姓名：廖○婷
主题名称：大家来逛动物园		观察日期：××××年11月26日

说明：老师在联络簿上贴了"为配合本月主题教学，请亲子创作动物作品"的通知单，我就和孙女讨论创作蜜蜂，我们用鸡蛋壳和空宝特瓶制作。她用胶水和色纸做装饰，我们做得很开心，完成后，让她带去幼儿园和同学们一起分享。

记录者：祖母

※ 请家长问问孩子，照片中他（她）在做些什么？为什么要做？他（她）和谁一起？……然后请家长协助在照片下方说明栏中记录亲子对话。

探讨分析：

这些影像要有文字记录与解说作补充，但因有影像，就能透露文字以外的许多信息，如老师或家长与幼儿的互动关系、幼儿与幼儿间的互动关系、学习情境的气氛、幼儿当时的情绪、幼儿的动作举止，乃至幼儿具备怎样的认知能力与技能等。我们除了将这些资料列入幼儿学习档案外，尚可运用这些影像记录进行下列事项：

1．与家长或幼儿共同观看这些影像，并且共同讨论；

2．帮助家长询问幼儿学校生活与学习内容；

3．帮助幼儿回忆与说明学校生活与学习内容；

4．运用前述影片回馈策略修正幼儿某些不当行为；

5．帮助老师向家长更具体地说明幼儿的行为；

6．通过不同时间所拍摄的影像，可帮助老师、家长与幼儿了解孩子前后的进步情形。

（三）教学档案

教学档案指教师在一段时间的教学过程中，保留、搜集、整理各个方面的资料与影像，以反映或显现教学者的真实表现与课程进展的情形。教学档案就是一种教学记录，或教学设计的动态展现，通常也是文字、相片、影音记录整合的多元呈现，可作为教学参考与自我省思之用，亦可供正接受师资培育的未来老师参考。通常一个单元／主题的教学档案可包括下列项目：

1．主题构想（为何要教此主题／单元）；

2．教学目标（认知、情意、技能）；

3．教学前主题网（每一单元／主题）；

4．教学过程（教学简案或实际教学流程叙写，可附教学情境规划、教学重点过程照片）；

5．教学评量（多样化的实例，如操作、闯关、学习单、作品、创意小书、合作画、检核表等）；

6．教学后的主题网；

7．教学省思（如主题的决定、师生互动、班级经营、环境规划、家长资源运用、教学评量等，亦可含下次教授类似主题的改进构想）。

上面所列教学档案的整理项目仅供参考，可以依教学现场增删。本节只针对第4、5项提出示例来探讨分析，兹以新北市丽园小学附幼曾进行的"大家来逛动物园"的教学档案的一段为例，说明如下：

表8-6　教学档案示例

主题：大家来逛动物园（共进行六周）
班级：彩虹班
……前略……

(续表)

主题：大家来逛动物园（共进行六周）
校外教学照片分享（本档案记录为第三周）
播放校外教学时到动物园参观的照片，与小朋友一起回顾校外教学时的情景。
团体讨论
请小朋友说说校外教学时参观动物园的感想，有幼儿说："很好玩，有看到很多动物，很想再去一次，看到狮子很凶的样子……"老师提出如果觉得动物园很好玩，可以请爸妈有空时再带小朋友去一次。突然有一个小朋友说："如果我们家在动物园的隔壁，就可以天天去。"因为这个声音，另一小朋友于是说："可以啊！那就把教室变成动物园，就天天看得到了。"
教室如何变成动物园

在一次老师更换教室图书区的书时，有一幼儿问："为什么要把教室的书都换掉啊？"老师反问："你看换成什么呢？"幼儿回答："好像很多动物的书。"又问："为什么都要换成动物的书呢？"老师说："为了要让小朋友更了解动物啊！"
  这样的对话引起班上大多数幼儿的兴趣，在讨论时非常热烈，最后讨论出要把教室变成动物园。由于教室空间不大，老师提出问题："如果要把教室变成动物园，可能空间不够，要如何解决呢？"
  小朋友提出很多的意见，表决的结果，要将教室分成四个区域，分别是"丛林动物区"、"海洋动物区"、"动物剧场"、"动物图书馆"。
  讨论时由于孩子的经验不足，再加上对动物的了解不多，所以老师们决定暂缓教室的改造计划，而转向认识动物居住的环境及分类的方式。

自己动手做
由于孩子渐渐对动物有所认识，老师鼓励幼儿回家与爸爸妈妈一起，利用可再回收的资源，动动脑，发挥创意做一种动物，然后带来学校与大家分享。班上的小朋友陆续将自己在家中做的动物带来与大家分享。
动物分类
孩子带来的作品一一分享后，老师提出："这些动物应是住在什么地方？它们属于哪一类动物呢？请小朋友自己分类看看。"
教室变成动物园
陆续介绍各种动物后，孩子对动物认识渐多，再加上幼儿带来许多自己和家人共同创作的作品到园分享，大家对动物所居住的环境有了更深的认识。 讨论：教室要变成动物园的丛林区及海洋区要如何进行？小朋友提出要在丛林区布置四棵大树，树上住着动物，在海洋区要有海底隧道、海底世界。

(续表)

主题：大家来逛动物园（共进行六周）
分组制作 　　教师将小朋友分成分别负责制作大树、叶子、树枝的三组，大家一起分工合作布置丛林区的四棵树。 朱○槿小朋友，配合主题情境布置，使用剪刀剪下树叶形状。 吴○恩小朋友，配合主题情境布置，先在纸上画出树叶的形状，然后剪下来。 符○芳小朋友，配合主题情境布置，利用折叠、卷纸的方式，做出大树的树干。 程○毅小朋友，配合主题情境布置，利用揉、捏全开纸的方式，做出大树的树干。 ……后略……

※资料提供者：丽园小学附幼彩虹班。

（四）幼儿成长与发展记录

　　幼儿成长与发展的记录是一种历时性的记录，可以展现幼儿的成长与发展历程。此项记录呈现具有时间顺序的发展前、中、后的幼儿影像或声音的记录。摄影与录音的工作亦可邀请家长与幼儿参与。基本上，幼儿成长与发展的记录也是一种幼儿学习档案，只是时间不限于一学期或一学年，有些家长从孩子一出生就帮孩子记录其生长的点点滴滴，例如：出生到一岁、两岁……的手印与脚印，第一次学会站立、走路……的影像，第一次会叫爸爸或妈妈的声音记录。通常幼教老师帮幼儿留下的幼儿成长与发展的记录是依据幼儿发展理论，在感官动作发展、认知发展、语言发展、情绪发展、社会人际发展等方面，留下观察记录，再整理成幼儿个人的成长与发展的记录，以作为辅导幼儿及课程设计的参考。由于幼儿成长与发展的记录涉及的私密性资料较多，在此只提出表格示例，请参见表8-7。

（五）幼儿评量

幼儿评量主要借由搜集资料信息，了解幼儿的能力与学习状况，并提供幼教老师检讨课程设计与教学活动的依据，以助于规划连续的课程活动。幼儿年纪小，很难用笔试来评量，通常采用多种方式进行，如幼儿学习档案、幼儿作品等，影音记录也是常用的具体评量方式。影音记录能持续记录幼儿在一段时间里的进步情况，也能比较不同时段的学习状况与能力表现。广义来说，前述各种观察方式都可当评量来用，可用来评量幼儿的概念与能力，也就是说，"观察"即是一种"评量"。在此仅举表8-8、8-9来示例说明。

表8-7　幼儿成长与发展记录表

说明：空白处可以放置照片或文字描述，亦可两者并置；如有录音或摄影，则除文字记录外，可将影带或录音带或CD用透明袋夹存。有关身高、体重等生理成长记录可另放一页。

幼儿姓名：	观察日期：
年龄：　　岁　个月	观察时间：
观察者：	
观察情境：	
发展项目：（　　）感官动作发展、（　　）自理能力发展、（　　）认知发展、 　　　　　（　　）语言发展、（　　）情绪发展、（　　）社会人际发展	

说明：_____
_____
_____
_____

此表由本章作者设计提供，同一幼儿的资料可依年龄时间顺序收存成档案。

表8-8　幼儿发展评量（认知发展）

幼儿姓名：小映　　　　　　　　　　观察日期：××××年10月23日
年龄：三岁六个月　　　　　　　　　观察时间：角落时间
观察者：王老师
观察情境：在益智角
发展项目：（　）感官动作发展、（　）自理能力发展、（ ✓ ）认知发展、
　　　　　（　）语言发展、（　）情绪发展、（　）社会人际发展

说明：小映在学习角时间，选择益智角，老师看她操作形状板时，会正方形、长方形、三角形、圆形四种形状的操作，影像拍摄的是她操作圆形的情形。

※资料提供者：台北市私立长青幼儿园。

表8-9　幼儿发展评量（感官动作发展）

幼儿姓名：小明&小华　　　　　　　观察日期：××××年11月21日
年龄：小明四岁六个月　　　　　　　观察时间：下午3时
　　　小华三岁六个月
观察者：李老师
观察情境：在综合活动室的平衡木上
发展项目：（✓）感官动作发展、（　）自理能力发展、（　）认知发展、
　　　　　（　）语言发展、（　）情绪发展、（　）社会人际发展

说明：1. 小明可以自己走过三块塑胶砖高的平衡木，小华不敢走，小明带着小华慢慢走，终于走到终点。
　　　2. 小明已达"能独自在平衡木上前进"的动作发展程度。
　　　3. 小华目前则只达"在同侪协助下能在平衡木上前进"的动作发展程度。但因小华年纪较小，以其年龄三岁六个月的发展而言，也算正常发展。

※资料提供者：台北市私立长青幼儿园。

探讨分析：

1．以影像或录音来评量幼儿是为具体证明文字叙述的内容，不一定每一项幼儿的评量皆须有影像或录音佐证，能用其他观察方法呈现的，则不需用影像或录音的记录，完全看需要而定。

2．评量有多种方法，最重要的是确定评量的项目以及评量方法，不同年龄的孩子能力表现是不同的，所以需注意判准的指标。

3．有时评量亦可拍过程的影像，如下列影像，第一张是幼儿版画制作过程照片，第二张是五位小朋友完成作品后一起展现的情况，就可作比较之用。

版画制作过程之一

五位幼儿呈现完成作品
（年历封面的版画设计）

※资料提供者：新北市芦州区忠义小学附幼。

（六）教师自我评量或同侪评量

有关教师评鉴是近年来推展教师专业成长的重要项目之一，通常用检核表来作教师自评或教师同侪来互评。如果运用前述影片回馈策略，则可自己或请同事拍下某一段教学实录，再透过影片观赏来自我检核或请同事检核，写下教学方面的省思与建议，这也是师资培育常用的方法。

二、录音结合文字的观察报告

在幼教现场，只用录音结合文字的观察报告较少，大部分是影音结合文字的观察报告以及单纯文字或表格加文字的观察报告。由于幼儿时期是各种能力发展的时期，尤其幼儿的语文学习，为协助幼儿清楚地表达，正确地运用语文，常用的教材是个人经验的叙说、图像表达、图画书的阅读、故事的重述与改编，以及绘本尝试创作学，这些都可用录音结合文字作观察报告。兹以语文发展观察示例如表8-10。

表8-10　幼儿语文发展观察记录

幼儿姓名：小豪	观察日期：××××年11月18日
年龄：五岁五个月	观察时间：上午8∶05
观察者：张老师	
观察情境：在语文角操作小红帽与大野狼棒偶大声说……	

※ 录音文字稿

- 我是大野狼，等一下小红帽就要来了，赶快化装成外婆躺在床上吧！嘿！嘿！嘿！
- 外婆！你为什么躺在床上呢？你生病了吗？
- 是啊！我好像发烧了呢？我不能起床，咳！咳！咳！
- 我带了又红又甜的苹果要给您吃呢！赶快起来吧！
- 我不能起床，我真的没办法，你可不可以削一个苹果给我吃呢？
- 好啊！咦！你的耳朵怎么这么长呢？你真的是我的外婆吗？
- ……

说明：小豪已能把昨天老师说的故事中的大野狼的台词内容正确地复述出来，说话时也很有表情，还会用粗细的声音区分大野狼和小红帽的不同音色。

◎备注：录音的CD存放背面夹层中。

探讨分析：

1．只用录音记录幼儿行为的某部分特写，须注意语音的焦点要能突显观察目的。

2．采用录音观察时，除语言外，幼儿的歌唱或某些行为亦有声音可录制，例如：形容风雨交加的台风夜，不同孩子的声音表现不同，用录音方式才能比较孩子之间的逼真程度。

3．录音仍需文字记述来帮助观察记录的完整性，如能影像与录音记录并用，效果更佳。

思考作业

1. 何谓影音记录？
2. 影音记录的主要工具有哪些？
3. 数码影音工具在教育应用上有哪些优点？
4. 试比较不同影音工具的特性。
5. 影音记录在幼儿教育上的应用范围是什么？
6. 试述影音记录的前置作业与后制作业的注意事项。
7. 试以本章影片回馈策略修正某一幼儿的推人行为，请详列处理程序。
8. 试以影音记录观察两位大班幼儿的合作行为，并完成一份观察报告。

第九章　观察与记录应用于幼儿能力评量
吴君黎、蔡春美

本章概要

第一节　幼儿能力评量的意涵与重要性

第二节　幼儿能力评量的内容与指标
　　　　——以新课纲六大能力的评量为例

第三节　运用幼儿行为观察与记录进行评量的技巧与示例

第四节　运用幼儿行为观察与记录进行评量的注意事项

幼儿能力评量的重要性为何？
幼儿行为观察与记录跟幼儿能力评量有何关联？
教师如何运用观察与记录来评量幼儿能力？

本书开宗明义地指出为何观察与记录是有效理解幼儿行为的重要途径，并详细介绍了各种幼儿行为观察与记录的方法。为帮助读者在熟知观察记录的种种技巧并可自行实践练习之外，更能有目的性、有计划地在幼儿教育现场发挥行为观察与记录的功能，本章旨在引导读者将本书的各种观察与记录方法运用于幼儿能力评量。有鉴于目前正值《幼儿园教保活动课程暂行大纲》（以下简称新课纲）积极推展之际，而评量又是课程发展的要项，故本章将以新课纲六大能力的评量为例，介绍如何基于新课纲架构与精神等实施评量，同时将提供应用示例，具体说明观察与记录的实施步骤与重点。

本文截稿日为止（2015年10月），台湾教育主管部门委托专家学者为新课纲量身订作的评量系统研究方案仍处于试验阶段，相关研究的暂时性结论正在试行与检讨中。请读者持续留意台湾教育主管部门正式公布出版的新课纲幼儿评量指引与相关研究结果，结合本章的介绍重点，将有助于更全面地理解和应用。

第一节 幼儿能力评量的意涵与重要性

本节首先阐明幼儿能力评量的意涵，强调课程本位评量的重要性，接着以新课纲六大能力的评量为应用实例，概述新课纲的基本理念及其如何看待课程与幼儿能力的关系。

一、幼儿能力评量的意涵与要项

评量是一个涵盖资料搜集、解释，并着重价值评定的系统性过程。就幼儿评量来说，通常指运用观察、访问、测量等多元方法，搜集幼儿在身心各方面的能力表现资料，再依循一套稳定的标准予以诠释、比较与评价（王佩玲，2011：19）。了解幼儿的发展状况固然是幼儿评量最主要的目的之一，但与课程紧扣的课程本位评量，也就是评量结果能用以反映幼儿在课程学习前后的成长改变（McAfee & Leong, 2007/2008：4），对教师的课程发展和教学设计也深具启示。

（一）幼儿能力评量与课程发展

幼儿因学习而养成的能力，本质上是相对、动态的概念，且与课程相互建构。

一方面，教师基于对幼儿现阶段能力的了解，思考幼儿在经过一段时间的学习后可预期增进的能力，据以规划课程、选择学习指标及设计活动；另一方面，教师则于课程进行过程中持续掌握幼儿的学习状况，特别是各种能力的进展是否符合课程设定之目标和学习指标，才能妥适调整课程内容或实施步调（廖凤瑞、陈姿兰，2002）。有鉴于此，搜集幼儿行为表现的资料，并参照某些标准予以判断其能力的优势与不足，即为能力评量，须与课程紧密相联。

（二）幼儿能力评量的要项

在进一步介绍幼儿能力的评量内容和实践要领之前，在此要先提醒读者，以课程为本位的幼儿能力评量应留意以下几个方面：

1．形成性评量和总结性评量并行

课程实施的过程中皆须进行评量，并依时间点和目的分为形成性评量和总结性评量。形成性评量是指平日课程进行的过程中，针对个别幼儿的表现是否依循特定课程目标或学习指标所进行的评量。总结性评量属幼儿学习情形的综合性分析与判断，可呈现个别幼儿能力改变的轨迹及尚需加以辅导的部分，通常在某阶段的课程告一段落时进行（McAfee & Leong，2007/2008：4）。

2．评量宜以课程学习指标为基础

形成性评量的项目原则上对应课程设定的重要学习指标；总结性评量则不是直接按学习指标进行评量的，以新课纲的评量来说，须参照能反映六大能力内涵的学习评量指标（以下称评量指标）（幸曼玲等，2015b：63）。

3．幼儿能力评量基于观察和记录

能力是个体在实际生活中完成与学习有关之任务的表现程度，而幼儿在园时间中，无论所处的作息时段或活动情境为何，都可能运用习得的知识与技巧执行各类任务。故教师直接在教学现场观察与记录幼儿的真实行为和当下情境，才能搜集到既丰富又切合评量目的的资料。

总结来说，评量是一系列有计划性的活动，实施幼儿评量不仅有助于掌握幼儿目前的发展状况，更能呈现幼儿学习的成果，为教师教学和幼儿学习提供有意义的信息。这种基于课程本位的评量，是课程必要的一环，也是阅读本书的幼教老师或准幼教老师应具备的专业知能。因此，本章选择台湾地区近年幼教制度变革所研编的新课纲，作为说明幼儿能力评量所参照的课程系统。

二、新课纲的基本理念与实施重点

幼儿园新课纲是配合幼托整合政策所研编的，作为规范和引导幼儿园课程规划与实施之依据。幼托整合后，因幼儿园收托对象的年龄层扩大，1987年的《幼稚园课程标准》（以下简称课程标准）已不再适用，此为发展新课纲的缘起之一。另鉴于课纲负有引领教保品质提升之责，必须与时俱进，符合幼教发展的趋势，这更加凸显发展一套新课纲的迫切性。兹概述新课纲的基本理念、特色及其与1987年课程标准的主要差异，并摘述其实施内容的重点。

（一）新课纲的基本理念

新课纲的基本理念强调幼儿与生活环境的互动，将幼儿看作自发探索、乐于学习，并富含创造力的个体，所处生活环境则是学习信息的来源。故课程是有计划的学习机会，幼儿借由参与课程活动，与环境中的人、事、物互动，得以感知经验、建构知识，并且产生想法（台湾教育主管部门，2012）。在此基本理念之下，新课纲呈现两个主要特色，一是以培养幼儿能力为目标，二是强调社会文化的角色。

能力是获取知识的方法与途径，而非知识本身，幼儿能否因应社会的迅速多变而适应良好，能力的培养至为重要。若依循新课纲的内涵规划与实践课程，即能帮助教师有效引导幼儿拥有觉知辨识、表达沟通、关怀合作、推理赏析、想象创造和自主管理六大能力。至于幼儿所处的社会文化体系，蕴含着在地家庭和社区的发展历史、风俗习惯与价值，有赖个体觉察与诠释这些文化信息后，因认同、关怀而得以传承、再生。故新课纲特别强调"在地取材"的观念，营造一个富有文化意义、与幼儿生活经验紧密联结的学习环境（幸曼玲等，2015a：26）。

（二）新课纲的实施重点

为协助教师架构课程蓝图，新课纲根据幼儿的发展需求以及本土社会文化对幼儿的要求与期待，将课程划分为身体动作与健康、认知、语文、社会、情绪和美感六大领域；每个领域结合所欲培养的核心能力和学习方面构成课程目标，其下再订定分龄学习指标，提供渐进学习的具体方向（台湾教育主管部门，2012）。课程不是分个别领域进行的，而是依据幼儿的学习特性采取统整方式实施的。统整性课程指聚焦于某个主题，并以学生为中心，从不同学习领域搜集和组织与真实生活相关的素材进行教学（Etim，2005：3）；而新课纲所谓的统整性，则具体反映于课程实施应有以下三个特点（幸曼玲等，2015b：38—50）：

1．实施时间

除了以学期或学年为单位的长期课程计划外，课程应涵盖幼儿每日入园至离园为止。

2．活动形式

将课程融入各种活动形式，包括例行性、全园性和其他多元学习活动。

3．学习领域联结

统整性主题课程设计是以某主题为媒介，延伸出能够跨及不同领域、彼此具有关联性的各种学习活动。

新课纲与1987年课程标准不仅适用年龄范围不同，基本理念和实施原则亦有显著差异。例如：新课纲认知领域的"认知"是指处理数量、自然现象等信息的思考历程，也就是能力的培养；1987年课程标准则无认知领域，而是纳入常识领域中，将这些信息知识的学习视为主轴（幸曼玲等，2015a：31）。教师若能善用新课纲六大领域的课程目标和学习指标规划课程，并遵循统整性的实施原则，幼儿的学习就不会偏重于某些领域，且可循序渐进，进而培养幼儿拥有新课纲六大能力。换言之，前述六大能力亦可视为幼儿通过课程规划与实践所展现的学习成果，恰符合实施课程本位评量的观点。

第二节 幼儿能力评量的内容与指标
——以新课纲六大能力的评量为例

新课纲六大能力的评量属于总结性评量，每种能力对应若干评量指标，共计29项（见附录一）（幸曼玲等，2015b：64—65），具体指引教师如何观察与评断个别幼儿能力成熟、精进的状况。以下首先描述各个能力的定义，再运用《幼儿园教保活动课程手册（下册）》所载某一评量指标的评分示例，说明评量范围和应用架构。

一、新课纲六大能力的定义

实践新课纲的架构，目标就是培养幼儿拥有觉知辨识、表达沟通、关怀合作、推理赏析、想象创造以及自主管理六大能力，以下分述每项能力的定义（台湾教育主管部门，2012）：

1．觉知辨识

运用感官，知觉自己及生活环境的信息，并理解信息及其间的关系。

2．表达沟通

运用各种符号表达个人的感受，并倾听和分享不同的见解与信息。

3．关怀合作

愿意关心与接纳自己、他人、环境和文化，并愿意与他人协商，建立共识，解决问题。

4．推理赏析

运用旧经验和既有知识，分析、整合及预测信息，并以喜爱的心情欣赏自己和他人的表现。

5．想象创造

以创新的精神和多样的方式表达对生活环境中人、事、物的感受。

6．自主管理

根据规范觉察与调整自己的行动。

二、新课纲六大能力的评量指标及其应用架构

在熟悉新课纲六大能力的定义后，接着就须理解评量指标在操作上如何精确反映各个能力的表现程度和变化。此处以"觉知辨识"能力的指标1"能觉察自己与他人的特征与兴趣"为例，解说评量内容和架构（幸曼玲等，2015：67—68）。

在概念上，觉知辨识有两个次能力："觉知"是指幼儿会通过各种感官主动注意并觉察到周围的信息；"辨识"则是在觉知信息后，能提取先前经验或知识来理解个别信息的意义，再加以比对和分辨信息的异同，或了解信息之间的关联（幼儿园幼儿学习指标研究团队，2014年10月）。

表9-1　评分指引（觉知辨识评量指标1——能觉察自己与他人的特征与兴趣）

等级	1	2	3	4
等级描述	知道他人的外在特征与兴趣。	知道自己与他人的外在特征与兴趣。	能比较人与人在外在特征与兴趣上的异同。	能比较人与人在外在特征与兴趣上的异同，并能辨识自己或他人在特定情况下的兴趣。
规准层级	• 别人 • 未比较异同 • 单一情境	• 自己与别人 • 未比较异同 • 单一情境	• 自己与别人 • 比较异同 • 单一情境	• 自己与别人 • 比较异同 • 因应情况而变化

每个评量指标都会设定一组评量标准，将该指标要评断的行为表现分成符合幼儿发展趋势的四个等级，提供相对应之等级描述和规准层级，架构如表9-1所示。等级描述以文字详细说明该等级所期望、可接受的表现情形；规准层级将该指标所强调的几个特定能力依难易程度组合，以呼应各等级描述的内容（幸曼玲等，2015b：65—66）。

这组评量标准就是衡量幼儿能力的工具，在搜集到幼儿相关行为的观察记录后，可据此架构分析判断幼儿能力，了解其在某个阶段的表现特性以及可能需要加强学习的方面；若有长期的观察记录资料，更适于评估幼儿成长与变化是否朝向期望的方向进步。我们用以下两则观察记录实例，说明如何进行表现等级的评分。

观察记录实例一：
波波看见新生小泉每天都去娃娃家，跟老师分享："小泉喜欢办家家。"（引自幸曼玲等，2015b：68）

认为小泉喜欢办家家，知道别人的兴趣，但没有跟自己或其他人进行比较，且未提及小泉在不同时间或情境时，兴趣可能有所改变。综合三项评量规准，此表现实力评断为等级1。

观察记录实例二：
阿翔说："平常我和小甫运皮球速度一样快，可是如果换成篮球，我就会比小甫慢，因为我的力气比较小，篮球很重，运不快。"（引自幸曼玲等，2015b：72）

比较自己和小甫运皮球的速度快慢，表示能分辨自己与别人的能力并进行比较；另知道在换成较重的篮球时，自己与别人的运球能力就有差别，此为展现因应情况而变化，且知道原因的能力。综合三项评量规准，此表现实力评断为等级4。

为完备新课纲实践的配套，台湾教育主管部门规划将依据新课纲幼儿学习指标评量研究团队的研究结论，出版《幼儿学习评量指标及评分指引》，有系统地针对各项评量指标列述五个部分：指标说明、表现等级及等级描述、评量规准及规准层级、名词释义和表现实例，以求使用者对指标用词能有明确共通的理解，在实际应用于幼儿能力评量时，也找得到一套标准化的参考工具。此外，指引手册也会提供一份对应表，列出每项评量指标可联结的课程目标和学习指标，帮助教师根据课程内容选择适切的评量指标。

第三节　运用幼儿行为观察与记录进行评量的技巧与示例

评量幼儿学习成效是平日进行教学的一部分，对教师来说并不陌生。本节特就新课纲六大能力总结性评量的实施技巧与步骤，列述如下，辅以相关表单和应用示例说明。

一、新课纲六大能力评量的实施步骤与重点

评量是配合课程搜集幼儿表现资料，再给予评价的系统性过程，故评量技巧部分是考量初步接触新课纲评量系统的教师需求所撰写，包括了解评量系统的架构，拟定评量计划，通过观察与记录搜集资料，汇整撰写报告整个流程。

（一）熟悉新课纲六大能力的评量系统

认识新课纲六大能力的评量系统，是实施幼儿能力评量的首要步骤。具体来说，教师应逐步充实、力求精熟的相关知能包括：

1. 确知评量在新课纲实践中的定位与重要性，以提醒自己须将评量融为课程规划和执行的一环。

2. 理解每个能力的核心概念，思考其与涵盖它们的各项评量指标的关联性，帮助教师有效掌握每个能力的评量重点。

3. 通过评分指引熟悉每项评量指标的意义、评量规准和等级，并且了解如何应用评量规准将表现实例客观、精准地转化为具有评量意义的信息。

（二）结合课程拟订评量计划

评量不能与课程脱钩，教师必须在课程发展之初，便一并思考评量的目标、时机和资料搜集方法。新课纲六大能力重视个体跨领域、统整性的行为表现，这些也是幼儿在课程进行一段时间后的学习成果，因此适用总结性评量。若课程计划以学年为单位，针对幼儿阶段性学习成果和能力展现的总结性评量，可安排于学年初、第一学期末和学年末实施；其中的学年初评量，功能等同于起始评量，建立幼儿在进入课程前之能力基准。至于评量内容，则以六大能力的核心概念为基础，本章主要采用新课纲学习评量研究团队所研编的"评量指标和评分指引草案"，依据该团队暂时性结论的建议，教师亦可根据各园课程模式或特色自行设计具体评量项目和判断标准（幸曼玲等，2015b：56—72）。

虽然一个学期通常只需要实施一至两次总结性评量，但教师应有计划地从幼儿平日在园的例行性活动、学习区或特定主题活动中，持续搜集和整理总结性评量所需的学习表现资料。因此，要在什么场合、时段，搜集哪些资料，会是教师于学期初配合课程拟订评量计划的重点，并须联结一日作息和例行性活动的目的，以及配合特定课程进行形成性评量。

1. 联结一日作息和例行性活动

规划一日作息表和设计例行性活动时，先确认每个时段的活动内容、流程及目的，以厘清幼儿可从中获得哪些能力的学习，进一步寻找对应之评量指标。若不确定从何选择切合适用的评量指标,或该活动可能涉及多元能力的学习,建议先列出所有相关的学习指标,再选择教师认定较为重要的若干学习指标,运用前述课程目标、学习指标和评量指标对照表,找出可于该时段或该类活动中据以搜集资料的评量指标。

2. 特定课程进行形成性评量

形成性评量是课程实施过程中,对幼儿学习状况的了解与评断,建议以学习指标为评量依据。也就是说,不论课程模式为何(主题／单元／方案),教师可于发展课程时,根据欲引导幼儿学习的方向选定学习指标,再加以编写为形成性评量项目。编写的要领在于掌握学习指标中"动词"所隐含的能力,而非"名词"所指的特定知识(幸曼玲等,2015b:61);且形成性评量项目不宜过多,以聚焦于教师重视、较常出现于课程规划的学习指标为原则。由于形成性评量关注的仍是幼儿在课程中学习的能力,故汇整每个课程活动的形成性评量,并对应至适切之评量指标,对于幼儿综合性能力的评量极具价值。

经过前述策略的思考与操作后,教师可拟制一份评量规划表,列出六大能力的各项评量指标及课程涵盖的各类时段与活动,并标示出哪些作息时段或课程活动有较多机会让幼儿完整展现与某评量指标有关的行为表现,如表9-2。通过此规划表,教师在搜集评量资料时,就能有充分的事前准备,同时提高自己在课程进行中对幼儿能力表现的敏感度;此外,教师亦可从表中检视是否偏重或忽略某些能力的评量指标,以求评量的周延性。

表9-2 评量指标对应课程活动之评量规划表(以自主管理能力之评量指标为例)

能力向度	评量指标	体能活动	益智角	图书角	积木角	用餐时间	主题活动	假日分享时间	全园活动
自主管理	1. 能协调及控制大肌肉,完成肢体动作活动	◎							◎
	2. 能协调及控制小肌肉,完成精细动作活动		◎	◎	◎				
	3. 能觉察危险,维护自身安全	◎					◎		◎
	4. 有良好的健康习惯,能进行个人自理及环境清洁	◎				◎			
	5. 能调整自己的想法、情绪或行为,以符合规范							◎	◎

（三）有系统的观察与记录

幼儿能力评量是判断幼儿能够应付日常生活中各种任务的程度，所以须以平日观察为主，且幼儿不宜写字，故不适合采用纸笔测验形式。通过观察，不仅能真实捕捉幼儿行为表现的细节与过程，更可掌握行为发生当下的情境脉络，包括牵涉其中的人、事和物，以求准确判读幼儿之行为表现。而进行了观察，就不能没有记录，记录可以帮助教师保留对观察内容的记忆，并用以反复检视和推敲，作为评量判断的证据。以新课纲六大能力的总结性评量来说，观察与记录的实践可归纳出以下三个主要原则：

1. 多次的观察与记录

幼儿因各方面能力尚处于发展中，仍需要持续学习和练习，在尝试执行某项任务时往往还不精熟，有时可快速独立完成，有时可能无法顺利达成，还需要他人协助或提醒。再加上幼儿容易受到自身情绪和生理，以及外在环境的影响，若要通过行为观察来搜集评量资料，就不能只依赖一次性或限于某个特定时间、活动的观察。因此，教师需事先规划如何观察班上每位幼儿在每项评量指标上的相关表现，且须多次观察，取得多次记录，评量结果才会稳定而可靠。

多次观察记录的规划，除了参照前述搭配课程的评量规划表外，也可在课程中设计一些活动，有目的性地让幼儿表现出与评量指标有关的能力，以累积多项任务表现的观察记录。至于搜集每位幼儿评量资料的策略，建议先选定某几项评量指标进行聚焦的观察，每天花几分钟观察一至三名幼儿，隔天再观察另外一批，可于一两周内分批完成班级所有幼儿的相关观察记录；一段时间后，再就这几项指标进行另一回观察及记录（廖凤瑞、陈姿兰，2014年9月）。

2. 聚焦的观察，切题的记录

观察时，教师先决定目前所要关注的几项评量指标，并依计划在例行或主题活动等观察情境中，提醒自己随时留意焦点对象展现有关评量指标的行为反应。观察当下或事后所作的记录，以真实、客观为基本要求，但要紧扣评量指标、确切反映评量规准，才能进一步形成有意义的总结性评量资料（幼儿园幼儿学习评量指标研究团队，2014年11月；廖凤瑞、陈姿兰，2014年9月）。

因观察记录的功能并不在于完整深入地分析个案，所以记录内容必须精简，凸显出与评量相关的重要信息，减少不相干和无助于行为解读的描述。为求效率且在不影响课程活动的状况下获得准确、有重点之观察记录，教师可自行设计方便适用的记录表格，以个别幼儿或某一评量指标为单位之格式呈现，亦能便于后续的资料分析和汇整。

3．选择适切的方法，运用多元的表现资料

本书前几章详尽介绍了多种常见的幼儿行为观察与记录方法，教师可依观察目的和活动情境的不同，同时考量自身能力和可行程度等因素，选用适切的方法。搜集新课纲六大能力的评量资料，也可依循相同的原则。教师对于在什么场合时机、要观察记录哪几个评量指标的表现有初步计划后，就可先评估适合采用哪种观察与记录方法，并根据情境所需，弹性善用其他方法辅助。举例来说，教师拟运用轶事记录，于角落活动时间观察特定幼儿在积木角堆叠积木的过程，并快速写下笔记，描述以"能协调及控制小肌肉，完成精细动作活动"为焦点评量指标的相关表现。若因幼儿动作细节多且变换快速，恐不易即时留下完整的文字记录，则教师亦可配合运用影像记录，帮助自己反复检视、确认记录的准确度和有效性。

再者，除了依评量计划进行的观察与记录以外，教师也可从平日课程活动中保留的一些资料，如幼儿平时在校的行为表现记录、于主题活动或学习区完成的作品、幼儿园的幼儿行为检核表、亲师沟通的札记等，提取出与评量指标有关的信息，充实评量表现资料。

（四）准确的资料分析与汇整，完成有效的评量报告

依循前述的实践原则，教师自学期初至第一学期末或学年末进行总结性评量的期间，往往已累积相当丰富多元的观察和其他形式之表现记录；须再经过审慎的分析、比较和汇整，才能将这些甚为庞杂的资料转化为有效的总结性评量报告。以下汇整说明几个重要步骤（幼儿园幼儿学习指标研究团队，2014年11月：43；廖凤瑞、陈姿兰，2014年9月：20）。

1．系统性的资料整理和归档

教师帮每位幼儿建立一个纸本或电子档案夹，依六大能力及其各项评量指标分层分类，将对应之观察记录陆续存放归档。建议每隔两三周检视一次所有幼儿的档案夹，了解资料搜集上是否有偏向某些幼儿或某些特定评量指标的情形。

2．初步分析与筛选

在准备进行总结性评量时，先初步分析和筛选每位幼儿档案夹内的资料，重点在于保留能反映该评量指标规准和比较等级的观察记录，并如实依据记录内容给予表现等级的暂时性判断。

3．汇整与综合性评断

将已完成暂时性判断的多次观察记录汇整起来，从中辨识出幼儿在某段期间

内最常被评定的等级，代表幼儿稳定表现的能力，借以决定该评量指标的整体等级评量。

当每项评量指标依上述的分析和汇整步骤完成整体评量后，教师便可整理为总结性评量报告。报告格式不拘，可由个别教师设计或幼儿园共同讨论拟定；其内容应至少标示出评量等级，简要描述幼儿表现情形，以及提出可引导幼儿提升能力的方向与建议等，才是一份有效的评量报告。

二、应用示例

简要言之，新课纲六大能力的评量综合了教师平日对幼儿行为观察记录的总结性评量，已有不同等级之评量指标可核对，所以其性质是检核表的运用。由于六大能力的每种能力对应若干评量指标，共计二十九项（见附录一），每项又分四个等级，每个等级又有两三个规准层级，教师不易全部靠记忆来运用，所以建议设计幼儿行为观察记录表时，可依六大能力的二十九项评量指标的四个等级分别列出，于其下方设计个别幼儿不同日期的记录（如表9-4），进行初步等级判定，累积一段时间的观察记录后，如有三次以上判定同一等级，就可作为该时期该幼儿某项能力的总结性评量结果。进入下一阶段时，再将那一时期的平日观察记录作为该时期的总结性评量。

以下提供几则幼儿行为观察记录与评量表供参考，这些资料取自蔡春美教授指导台北市信义幼儿园进行幼儿能力评量的实践示例。

表9-3 台北市信义幼儿园幼儿观察记录与评量表（幼幼班）

评量指标：自主管理—1. 能协调及控制大肌肉，完成肢体动作活动。
指标说明：评量幼儿协调身体各部位，并控制大肌肉动作的力道、速度、节奏、方向，敏捷地完成复杂的肢体动作活动的能力。

等　级	1	2	3	4
等级描述	能执行简单的肢体动作活动，但动作协调不佳，也不敏捷。	能执行简单的肢体动作活动，动作协调佳但不敏捷。	能执行复杂的肢体动作活动，动作协调佳但不敏捷。	能执行复杂的肢体动作活动，动作协调佳且敏捷。
规准层级	• 简单的肢体动作活动 • 协调不佳 • 控制不佳	• 简单的肢体动作活动 • 协调佳 • 控制不佳	• 复杂的肢体动作活动 • 协调佳 • 控制不佳	• 复杂的肢体动作活动 • 协调佳 • 控制佳

(续表)

班级：雪花班（幼）教师：陈淑华							
幼儿姓名	日 期	观 察 记 录	等 级			
^	^	^	1	2	3	4
任○○	××××.4.10	小璟在双脚连续跳过4个呼啦圈的活动中，向前跳时无法双脚同时落地。	V			

表9-4　台北市信义幼儿园幼儿观察记录与评量表（小班）

评量指标：自主管理—1．能协调及控制大肌肉，完成肢体动作活动。
指标说明：评量幼儿协调身体各部位，并控制大肌肉动作的力道、速度、节奏、方向，敏捷地完成复杂的肢体动作活动的能力。

等　级	1	2	3	4
等级描述	能执行简单的肢体动作活动，但动作协调不佳，也不敏捷。	能执行简单的肢体动作活动，动作协调佳但不敏捷。	能执行复杂的肢体动作活动，动作协调佳但不敏捷。	能执行复杂的肢体动作活动，动作协调佳且敏捷。
规准层级	• 简单的肢体动作活动 • 协调不佳 • 控制不佳	• 简单的肢体动作活动 • 协调佳 • 控制不佳	• 复杂的肢体动作活动 • 协调佳 • 控制不佳	• 复杂的肢体动作活动 • 协调佳 • 控制佳

银河班教师：钟秀香、陈怡婷						
幼儿姓名	日 期	观 察 记 录	等 级			
^	^	^	1	2	3	4
林○○	××××.3.18	体能活动，小诺可以将双脚打开，屁股翘高模仿大象走路，因速度太快差点就跌倒。		V		
林○○	××××.3.20	在户外游乐场的彩色地砖上跨跳，小诺可以双脚并跳跨过一格地砖，偶尔因速度太快会跳出格子外面。		V		

表9-5　台北市信义幼儿园幼儿观察记录与评量表（中班）

评量指标：自主管理—1．能协调及控制大肌肉，完成肢体动作活动。
指标说明：评量幼儿协调身体各部位，并控制大肌肉动作的力道、速度、节奏、方向，敏捷地完成复杂的肢体动作活动的能力。

(续表)

等级	1	2	3	4
等级描述	能执行简单的肢体动作活动，但动作协调不佳，也不敏捷。	能执行简单的肢体动作活动，动作协调佳但不敏捷。	能执行复杂的肢体动作活动，动作协调佳但不敏捷。	能执行复杂的肢体动作活动，动作协调佳且敏捷。
规准层级	• 简单的肢体动作活动 • 协调不佳 • 控制不佳	• 简单的肢体动作活动 • 协调佳 • 控制不佳	• 复杂的肢体动作活动 • 协调佳 • 控制不佳	• 复杂的肢体动作活动 • 协调佳 • 控制佳

班级：月亮班（中）教师：王秀真

幼儿姓名	日期	观察记录	等级 1	2	3	4
柯○○	××××.3.17	练习骑直线与S线。S线能顺利转向并能不撞到4个角锥到达终点。 ※规准等级判断：骑脚踏车——复杂的肢体动作，可调整骑乘之方向、力道及速度——协调佳且敏捷。				V

表9-6　台北市信义幼儿园幼儿观察记录与评量表（大班）

评量指标：自主管理—3.能觉察危险，维护自身安全。
指标说明：评量幼儿主动辨识立即的及潜在的危险，维护自身安全的能力。

等级	1	2	3	4
等级描述	引导下，避开危险。	能自发地辨识并避开立即的危险。	能自发地辨识立即的危险，并积极做出保护自己或他人的因应行为。	能自发地辨识立即的危险及可能会有危险的事情，并积极做出保护自己或他人的因应行为。
规准层级	• 引导下 • 辨识立即的危险 • 避开危险	• 自发 • 辨识立即的危险 • 避开危险	• 自发 • 辨识立即的危险 • 保护自我或他人	• 自发 • 辨识立即的及潜在的危险 • 保护自我或他人

(续表)

班级：白云班（大）教师：陈佩芬、林明仪

幼儿姓名	日期	观察记录	等级			
			1	2	3	4
小花	××××.3.9	进行大肌肉活动"两人S形障碍物折返跑"时，排于第二位的小花出发不久后，便遇到第一位出发的小孩折返跑回来，小花立即减慢速度，并提醒迎面而来的第一位小孩："慢一点儿，我们才不会撞到。"彼此绕过对方未发生碰撞，顺利跑回终点。 ※规准等级判断：活动时无人引导——自发，眼前就有撞到的危险——辨识立即的、非潜在的危险，未与对方发生碰撞——保护自己或他人。			V	

表9-7　台北市信义幼儿园幼儿观察记录与评量表（大班）

评量指标：表达沟通—4.能在对话情境中相互表达、倾听、协商，并调整自己的想法或情感。
指标说明：评量幼儿参与对话时，能聆听别人并听懂别人的语意，且能和别人反复交换意见，调整自己原本的想法，让事情进行得更好。

等级	1	2	3	4
等级描述	能参与对话，但回应不切题，或尚未能和别人协商。	能参与对话，聆听后切题回应，但尚未能和别人反复交换意见或调整自己原来的想法。	能参与对话。聆听后切题回应：(1)虽然没有和别人反复交换意见，但能调整自己的想法；(2)能和别人交换意见，但坚持自己原来的想法。	能参与对话，聆听后切题回应，不但能和别人反复交换意见，也能调整自己原来的想法。
规准层级	● 参与对话 ● 未协商 ● 未调整	● 聆听对话 ● 未协商 ● 未调整	● 聆听对话 ● 未协商 ● 有调整	● 聆听对话 ● 能协商 ● 未调整	● 聆听对话 ● 能协商 ● 有调整

(续表)

班级：白云班（大）教师：陈佩芬						
幼儿姓名	日　期	观　察　记　录	等级			
			1	2	3	4
小修	××××.4.20	学习区活动时，小圳、小唐和小修在积木区利用方块积木做陀螺，小唐说："小修你的陀螺很弱耶！都转不快。"小修："哪是啊？我的很强也转得很快。"小圳："他的底部没有组合正方形，我们都有！"小修："我有啊！"小圳："陀螺底下要有突出来，这样才会变强，转得比较快。"小修听了之后就将自己的陀螺修正，并开心地说："你们看！我的陀螺转很快了耶！" ※规准等级判断：参与同侪对话，能聆听他人后切题回应，并来回交换意见，最终有调整自己的想法与行为。				V

以上介绍了五份幼儿行为观察记录与评量表，前四份以幼儿从事户内外体能活动为观察情境，第五份则是在学习区，观察内容皆采用轶事描述予以记录。教师可视观察情境和行为表现的特性，选用适合的观察与记录方法，并延长这个表单，持续搜集个别幼儿在不同时间的观察记录，累积总结性评量所需资料。本节据以介绍前几章有关幼儿行为观察记录的内容，在新课纲六大能力评量中的运用方式。

第四节　运用幼儿行为观察与记录进行评量的注意事项

要能运用行为观察与记录充分发挥幼儿能力评量的功能，相当程度取决于有一套既定的评量系统可依循；而此系统应包含与课程呼应的评量指标、具有理论或实证基础的评量标准，以及有计划的实施方法。为因应新课纲的推行，新课纲评量研编团队发展出如此一套严谨完整的评量系统，当中有关幼儿六大能力的评量已于前几节详细介绍。对于刚接触此评量系统，或已尝试实践但还不甚上手的教师，该团队提出一些注意事项和建议（廖凤瑞、陈姿兰，2014年9月；幼儿园幼儿学习指标研究团队，2014年11月），帮助新课纲实践者了解如何开始实施评量，兹摘述如下：

一、运用观察与记录进行幼儿能力评量的准备

（一）采取渐进方式实施，一次试作一个能力

在一段期间内只聚焦于单一能力的试作，包括熟悉该能力的核心概念及各项评量指标的规准层级、规划幼儿相关行为表现的观察时机与记录方式、实际执行观察与记录，以及反复练习和检讨观察记录内容的判断。

教师可选择从自己认为较有把握、易于搜集观察资料或是评量指标较少的某个能力开始进行试作，当熟悉此项能力的评量指标后，即接续另一项能力的试作。通常设定一个月试作一至两项能力，如此渐进累积，恰可于学期结束前后完成一回幼儿各种能力的总结性评量。

（二）善用校内外资源，精进评量知能

教师在试作幼儿六大能力的评量时，自行研读和参照评量指标指引手册固然是充实知能最直接的方法，但能寻求其他资源的辅助，试作过程将更加顺利。一方面，鼓励教师多参加有关幼儿学习评量的新课纲研习，澄清对此评量系统的疑问或错误理解；研习时会有评量实例的演练与讨论，教师还能获得即时性的专业回馈。另一方面，可由幼儿园主动导入专业，邀请教授以工作坊形式，或是配合预拟的试作时程定期到园辅导。因辅导教授能依照各园课程取向和运作特性提供量身定做的专业指导，教师的试作经验将更为合宜、实用。

与幼儿园内其他教师共同学习，也是提升评量知能不可缺少的途径。幼儿园可建立园内专业成长社群，通过读书会，帮助彼此厘清、深化对新课纲评量系统的认识。平时教师可相互分享、检讨各自在班级中搜集到的幼儿表现观察记录和规准等级之判断，借以提升评量的客观性和准确度；对于园内幼儿学习情形的了解和评量结果，也愈能趋向一致。

二、运用观察与记录进行幼儿能力评量的实践经验分享

万事起头难，对习惯于传统评量方式的幼教老师而言，要运用新课纲进行幼儿六大能力的评量是有点挑战的，首先要参加新课纲的评量研习，之后一定要亲身在现场实际运用，以下是几位老师分享的实践经验：

（一）首先要熟悉本书前八章说明的各种幼儿观察与记录的方法和技巧，多方尝试练习，亦即老师要先具备观察与记录的基本功。

（二）其次要理解新课纲对幼儿学习评量的观念，掌握形成性评量与总结性评量的意涵与方法。

（三）同班两位老师要经常讨论，针对同一幼儿行为有不同观点的观察记录进行

深入讨论，找出歧异点，对照评量指标的说明与实例，形成共识，如表9-3至表9-7的规准等级判断。

（四）一边上课，一边要记录幼儿行为颇感分身乏术，老师可在教室矮柜上放置小纸片，发现幼儿某些行为表现值得记录，则在纸条写下幼儿座号，再写下关键字词备忘，放入小篮子或小盒子中，中午再整理完整的记录；当然拍下照片，事后再整理成观察记录也是一种方法。

（五）教师先要有"幼儿入园到放学离园整段时间的生活都是课程"的观念，并要具备敏感度，体认时时刻刻都可进行幼儿行为的观察与记录。

（六）不要急于判断幼儿某些行为表现属于哪个等级，只要客观忠实地记下或拍下当时的幼儿行为表现就可以，要判定等级是事后整理记录后的工作。

（七）观察记录与评量都要设计适用的表格，可以参考新课纲研编小组建议的表格，但也可通过园内老师的讨论，经试用改进而产生适用的表格，不必只敢模仿别人，不敢自己创造。

本章撰写之际，新课纲幼儿学习评量系统尚处于初步推广的阶段，但我们期许运用本书学习幼儿行为观察与记录的读者，亦能在阅读本章后，窥知如何依循一套课纲，有系统地计划并选用一或两种以上的行为观察与记录方法进行有效评量，在幼教体制经历变革的过程中加速自我专业实践。

思考作业

1. 幼儿能力评量有何重要性？
2. 幼儿行为观察与记录跟幼儿能力评量有何关联？
3. 新课纲六大能力的定义为何？
4. 在进行新课纲六大能力的总结性评量时，有系统的观察与记录指的是符合哪些实践原则？
5. 试选择一项新课纲六大能力的评量指标，针对某名幼儿进行观察记录及规准等级的判断。

附录一 六大能力、学习评量指标与涵盖领域

能　力	学习评量指标	涵盖领域
觉知辨识	1. 能觉察自己及他人的特征及兴趣，并能比较异同	社会
	2. 能觉察自己及他人的想法或情感，并能比较异同	社会、情绪
	3. 能知道生活规范及活动规则的理由	语文、社会
	4. 能注意且理解周遭的文化信息	认知、语文、社会
	5. 能注意且理解周遭的自然信息	认知、美感
	6-1. 能理解口语的意义	语文
	6-2. 能辨识音韵的特性	语文
	7. 能理解叙事文本及信息类文本的意义，并能依目的使用信息类文本	认知、语文
表达沟通	1. 能应用视觉艺术媒介表达想法或情感	身体动作与健康、美感
	2. 能应用图像符号表达想法或情感	认知、语文、情绪
	3. 能使用口语表达想法或情感	身体动作与健康、语文、情绪
	4. 能在对话情境中相互表达、倾听、协商，并调整自己的想法或情感	认知、语文、社会
关怀合作	1. 能理解他人之需求，表现关怀的行为	社会、情绪
	2. 能表现对动植物及自然环境的关怀	社会、美感
	3. 能理解社区与自己的关系，表现关怀的行为	社会、美感
	4. 能与他人合作完成工作或解决问题	身体动作与健康、认知、社会
推理赏析	1. 能依据特征整理生活环境中的信息，并找出特征中的关系	认知、语文
	2. 能分析已知的信息，找出形成现象的原因	认知、语文、情绪
	3. 能欣赏及回应自己及他人的表现	语文、社会、美感
想象创造	1. 能通过视觉艺术媒介进行想象创作	身体动作与健康、美感
	2. 能透过音乐媒介进行想象创作	美感
	3. 能透过扮演媒介进行想象创作	语文、美感
	4. 能运用肢体进行想象创作	身体动作与健康、美感
	5. 能进行叙事文本的想象创作	语文
自主管理	1. 能协调及控制大肌肉，完成肢体动作活动	身体动作与健康

（续表）

能　力	学习评量指标	涵盖领域
自主管理	2．能协调及控制小肌肉，完成精细动作活动	身体动作与健康、美感
	3．能觉察危险，维护自身安全	身体动作与健康、社会
	4．有良好的健康习惯，能进行个人自理及环境清洁	身体动作与健康、社会
	5．能调整自己的想法、情绪或行为，以符合规范	社会、情绪

第十章 观察与记录的伦理——幼儿视野的融入
洪福财

本章概要

第一节 正视伦理以强化幼教老师的专业体系
第二节 观察与记录的伦理意涵与常见议题
第三节 伦理的再省——融入孩子的视野进行理解与诠释

进行幼儿的行为观察与记录的目的与理由为何？

我所观察与记录的幼儿行为，可以呈现出幼儿真实的行为表现吗？

我对于所观察与记录的幼儿行为，是否能做出适切的解读？

进行幼儿行为观察与记录时，我能不带任何偏见吗？

进行观察与记录幼儿行为的过程中，我始终维护着幼儿的权益？

幼教老师进行幼儿行为观察与记录时，时常会出现前述问题，它们也是教师在反省观察与记录过程中的焦点所在。当教师意识到前述问题并进行反思时，所关注的即是关乎观察与记录的伦理议题。

"为什么要进行幼儿的行为观察与记录？"这是所有幼教老师在进行观察与记录时都必须深思的议题。对于教保工作、家长、行政单位，乃至于幼儿，观察与记录都能发挥不同的意义，无论老师进行观察与记录的初衷为何，都不能忽略观察与记录应该聚焦于如何让幼儿的成长获益。

本章旨在探讨幼教老师进行幼儿行为观察与记录的伦理议题。全章将分成四部分进行讨论；首先，说明幼教老师关切伦理议题的理由；其次，讨论观察与记录的伦理意涵；再次，列举教师进行幼儿行为观察与记录的常见伦理议题；最后，借由以幼儿为中心的伦理议题的再省，提出对教师进行幼儿行为观察与记录的期许。

第一节　正视伦理以强化幼教老师的专业体系

了解幼儿的发展状况、掌握幼儿的发展进程，进而做出适切的课程研发或教学判断，一直被认为是教师的分内职责。对幼儿而言，受限于表达与自我诊断能力，幼儿对于自己的真实需求与期望难以完全表现，教师对幼儿的真实理解就有赖观察作为辅助，借由记录让行为影像留存，并作为日后判断幼儿行为表现与发展的依据。此等对幼儿行为的适切掌握，实属教师专业素养的范畴。

关于专业（profession），依据韦氏字典，主要有下述四项意义：

一、由一个集结起来共同奉献、热诚的团体所采行的作为；

二、公开展示或公开宣称信仰、忠实或意见的一种行为；

三、一种奉献且热诚的忠实表现；

四、一种需要专门知识的职业，通常需历经一段长时间且严谨的学术准备，已经形成主要的职业或行业，且有着整体的人力体系参与此一职业。

依据前述对于专业的定义，可以进一步将其意涵诠释如下：

一、需要经过一定时间专门知识或技能的训练；

二、形成的专门职业已呈体系，且体系内的成员对于该职业内涵有着相当程度的参与热诚与奉献感；

三、实行的各项行为应以训练背景为基础，并符合体系成员的期望。

就前述专业的意涵而言，幼教老师必须经过一段时间的训练。台湾地区已普遍将幼教老师的学历提升至大学以上，训练内容也有相当程度地细致规划与实践，当前不仅幼教老师的培育体系成形，各种以幼教老师为对象的专业组织也陆续出现，使得幼教老师在体系方面已然符合专业的要求。

即使幼教老师已成专业体系，但鉴于教保工作的独特性，教师在专业内容、教保结果的呈现等方面，都难以呈现出标准化或可复制的成果；其次，教保对象的复杂性高，使得教保成果的展现更加困难。因此，在教师专业形成与证照制度兼备的今日，仍有着关于教师地位究竟属于专业、半专业，抑或是非专业等性质的论辩。

关于教师地位的定调，一般以联合国教育、科学、文化组织（United Nations Educational, Scientific and Cultural Organization, UNESCO）在1966年秋天于法国巴黎召开的"教师地位之政府间特别会议"（Special Intergovernmental Conference on the Status of Teachers）的决议为依据。该会议历经讨论后，采纳"关于教师地位之建议"（Recommendation Concerning the Status of Teachers），强调教师的专业性质，并认为"教学应被视为是专业"，各国或地区对于教师的专业地位首度达成一致性的共识（沈亚梵，1995）。由教师地位的定调仍需前述论述的情形观之，教师专业性质的复杂程度，确是导引的主因。

虽然教师具备专业体系且专业性获得跨国组织的认可，直到近年，各教育阶段的教师仍为建立专业知能、专业声望与地位等不断努力；考其原因，与前述教育特性、教育对象的复杂度等因素仍具关联，而教师专业素养的体系构建仍未臻巩固，则是另一项重要原因。

卡尔（Carr, 2000：23）曾分析专业素养（professionalism）的概念意涵，并归结出评断专业的五项标准：

一、专业提供一种重要的公共服务；

二、专业涉及一种具有理论与实务基础的专家知识与技能；

三、专业具有独特的伦理性，并要求明确订定专业的伦理守则；

四、专业出于招募新成员与训练的目的，具有组织并订有内规；

五、专业人员为了有效能地从事业务，需要高度的个人自主性——独立的判断力。

依据卡尔的分析，暂不论有关教师的专家知识与技能、高度的个人自主性——独立的判断力是否齐备，关于教师应具备的伦理方面的讨论，甚至将讨论所得付诸明确的专业伦理守则或内规等，迄今仍是教师在确立专业地位时感到严重不足之处。对于教师所需具备的伦理意涵的讨论，不仅在整体架构的论述上仍感缺乏，在教师个体行为的伦理意涵论述上，同样备感欠缺。面对此等缺憾，除了寻求相关研究、社会与教师团体等积极补强外，教育工作者在构建各层面的专业知识与技能内涵时，应以齐备各项专业知识与技能的伦理论述为念，共同协助教师专业化发展。

有鉴于斯，协助幼儿行为的发展与改变本属幼教老师的专业内容；为了解并确切掌握幼儿行为的发展，观察与记录便成为教师重要的专业知识与技能要项。基于前述关于教师专业的论述，兹将幼教老师应关切观察与记录伦理的原因归纳有四，分别列述如下：

一、观察与记录属教师专业范畴，应遵循专业规范

协助幼儿行为的发展与改变本属幼教老师的专业内容已如前述，既为幼教老师的专业内容，教师是否具有相应的专业能力以确切地掌握前述内容，自是教师在以专业发展自许之余所需关注的。对于专业知识与技能的内容，专业组织通常需形成规范或共识，供组织成员作为行为的参照；是以，关于如何进行幼儿行为观察与记录，幼教学科也有相关研究与论述，以期待幼教人员在进行前述专业作为时能有所参照。幼教人员也应将专业规范视为行为规约，并予恪守。

二、伦理议题的澄清有益于教师形成观察与记录

了解幼儿行为观察与记录的伦理，其实是在传递幼教团体对成员作为的规约与期待，而借由论理议题的讨论与澄清，不仅传递着对幼教老师的行为期许，同时在应为与不为的思辨中，协助教师承袭价值判断的依据内容与逻辑，让教师能逐次形成观察与记录。有鉴于教育场景的复杂性，伦理议题并非单纯仰赖单向的静态传递，如何依据不同教育场景作出适切的专业判断，是探究伦理议题时更应关注的地方。是以，幼教老师若能在专业社群中共同研商或澄清观察与记录可能面对的伦理议题，对于教师形成价值体系与践行专业行为都将有所助益。

三、伦理议题的澄清是保障幼儿权益的积极作为

幼儿是教育主体，教师的职责在协助幼儿的适度发展，而保障幼儿发展的最大

利益自为幼教老师的专业职责。通过行为观察与记录，教师应可了解甚至确切地掌握幼儿的发展情况，但在实施的历程中，教师是否切实掌握观察的内容，采取的方法是否适切，是否因观察而牺牲了幼儿学习（为观察而观察），对于观察与记录的结果能否秉持客观立场作出适切的判断等，其间所涉不仅是教师能否具有充分的专业知识与技能，更包含能否保障幼儿的学习权益。通过伦理议题的讨论与澄清，不仅可以帮助教师形成专业行为，更是保障幼儿权益的积极因应。

四、重视伦理实为幼教老师专业自许的充分体现

幼教老师的专业性仍待建立已如前述，对于即将成为或已为幼教老师者，积极了解观察与记录的伦理不仅将有益于实际教学，自我要求相关作为符合专业规范，更是身为幼教人员追求专业发展的具体体现。长期以来，台湾地区幼教老师的学历规范虽然不断提升，但教师的社会地位与专业形象的发展，却仍有待积极突破。虽然幼教老师的专业性与社会对教育对象的观感、社会影响力、薪资等都有关系，但教师社群所呈现的专业表现，也是社会用以评价教师专业的具体指标。是以，在进行观察与记录方面，幼教老师能持续地关注伦理议题，辨明是非的实践，不仅是对教师职业与幼儿负责的表现，若能从而形成专业的规范与行为，将有益于社会地位及声望的提升，更是每位幼教老师专业自许的充分体现。

第二节 观察与记录的伦理意涵与常见议题

观察与记录如同一体之两面，观察提供记录所需的素材，记录让观察所得以图像、声音或文字等形式再现，并供观察者作为反思或改进的参考。幼教老师在进行幼儿行为观察与记录时，必须先行了解下述主、客观因素的限制：

一、观察的对象是幼儿，幼儿能纯朴、天真地表现行为，但对于行为的原因，或许缺乏表述的能力。

二、受限于幼儿对自主权利的意识，幼儿权益的保障将有赖教师协助维护。

三、家长与教师同为协助幼儿学习的利益关系人，家长对于各项观察与记录也有参与或分享成果的动机与权利。

四、教师虽具师资培养背景，但行为观察与记录是培养背景的环节之一，观察与记录的能力将有个别差异。

五、受限于培养背景与个人特质，教师对于观察与记录的方法可能有所偏好或专精，将随之影响幼儿行为的呈现方式与内容。

六、幼儿班级编制常为两名教师，教师间对观察与记录的看法、熟悉程度、偏好、坚持度，以及实践情况等或有差异，能否适当互动将为影响观察与记录的因素之一。

七、班级规模是教师进行观察与记录的限制因素之一，加上对每位幼儿皆具教育责任的认知，在有限的时、空条件下，教师必须对于观察与记录的对象、方法，以及内容等，进行必要的取舍。

八、不同角色对于教师进行幼儿行为观察与记录的期待各异，其中园长、同侪教师、家长，甚至评鉴专家等都可能持有期待，前述期待将对教师实施与保留行为观察与记录产生一定程度的影响。

九、观察行为的严格界定有其必要，但教师界定行为的能力、幼儿行为的复杂性，甚至行为表现间的相似性等，将对教师的取样与观察内容产生干扰。

十、对行为进行评价是进行行为观察与记录的重要环节之一，但评价者的先前经验、偏见、习性及专业背景等，都将是影响行为评价的可能因素。

在前述可能因素的影响下，教师进行幼儿行为观察与记录其实有一定程度的难度。鉴于进行观察与记录在理解幼儿行为的意义、教师建立专业声望的价值、改善教学内涵的助益，乃至维持系统机制建构的需求等层面，都具有其正面价值，在幼教领域中，仍旧将教师进行幼儿行为观察与记录列为师资培养与实践等层面的重要内容。教师有必要研习实践观察与记录的适当做法，确保观察与记录的合宜性，即是对遵守观察与记录伦理的重要保障。

本节拟先就幼儿行为观察与记录的伦理意涵进行析究；其次，拟就教师进行幼儿行为观察与记录常见的伦理议题进行讨论，进一步就教师应有的因应作为提出具体建议。

一、观察与记录的伦理意涵

伦理议题不仅普遍存在于社会的不同方面，也是专业团体用来规范成员行为的重要参照。以幼儿行为观察与记录为例，教师是否确实达成观察目的，观察方法的使用是否适切，观察结果的判读是否正确，观察的过程是否失却教学本质、影响幼儿的受教权益，观察与记录结果的档案存取是否维护幼儿权益等，前述所及，具为伦理议题的论述范畴。

在论述观察与记录的伦理议题前，有必要就伦理的意涵先行探究。

依据韦氏字典所载，伦理（ethics）的意义主要有二：

（一）是一门处理对错与道德责任及义务的学科。

（二）是指一套道德规则或价值；是指道德价值的理论或体系；是用来指引个人或群体的规则；是一种指引的哲学。

就前述意义言，伦理其实涉及价值判断，且此等判断必须受到道德的规约，并成为个人或群体的行为指引。另就伦理一词的源起考据，该词系源自希腊文"ethos"，"ethos"本意为"本质"、"人格"，也与"风俗"、"习惯"的意思相联系（何怀宏，2002：5—11），可见伦理同时受到个人特质与社会习俗所规约。再者，一直以来，伦理常被视为与道德等同，伦理与道德两词常相互混用（林火旺，2004：11），但精细观之，伦理的意涵所指涉者应有较道德更广的面向；就概念内涵言，伦理所论述者非在指涉事实的问题，而是意在论述价值或进行价值判断，故伦理议题的讨论并非停留在对与错的选择，其所涉者更在于形成选择背后所导引的理论或价值判断体系。

是以，依据前述对伦理的概念分析，所谓观察与记录的伦理，虽关乎了解观察与记录的实施正确与否，但关切的面向还包括进行前述判断所依循的学理或价值体系，其间所涉不仅是教师（观察者）执行面向的讨论，也涉及幼儿教育学科对于教师进行观察与记录的规约。

探讨幼教老师进行幼儿行为观察与记录的伦理，必须就价值层次理解教师所形成的行为观察与记录；或是就所形成的幼儿行为观察与记录的过程及结果等，对其适切性进行价值判断。前述探讨范围不仅涵盖行为观察与记录之可能作为的正确性，也关注形成前述正确性判断所持的学理与价值体系；从幼教学科的立场为之，则是偏重于讨论学科对于此等行为的伦理规约与思维。

二、观察与记录常见的伦理议题

关于常见的伦理议题方面，分为观察与记录目标适切性与过程适当性两部分，分述如下：

（一）在目标适切性方面

所谓幼儿行为观察与记录之目标，系指教师所关心和欲探讨的幼儿行为；如何确立观察的行为意涵并充分地加以掌握，实为教师应予关注的内容。兹将常见的伦理议题归结有二，兹分述如下：

1. 我应该观察哪些行为

究竟哪些行为应列入观察，这牵涉到教师设定的观察与记录的目标行为，以及对目标行为的概念界定等。

对教师而言，目标行为通常是对教学顺利进行产生影响、对幼儿学习产生影响的行为，或是幼儿特殊的行为表现等。确立目标行为及其内涵，将是教师进行观察与记录的首要伦理议题。尤其在自然情境的教学现场，幼儿的行为表现天真且纯朴，行为与情境的发展不见得将依照教师的期望进行。面对各式幼儿行为有如昙花一现地交错，需要在观察与记录前即先行确认并熟悉目标行为及其内涵。具体建议有三：

（1）观察与记录前先就目标行为进行明确界定，并与相近的行为概念区隔厘清。

（2）观察与记录需经一段适应期，透过实际操作修正观察与记录的方向，并熟悉行为取样与记录方式。

（3）借由定时的观察与记录省思，以及寻求同侪教师的协助与互动，确认对目标行为的掌握情况并作必要的调整。

2．我是否充分地观察各项行为

观察与记录必须进行到何等程度方称完整，此与对目标行为的掌握、观察与记录的广度及深度、观察与记录内容的适当性及完整状况等因素均有关联，并将对于后续幼儿行为诠释的适当性产生影响。

对幼教老师而言，在园内的行为表现仅为幼儿生活的环节之一，却是教师最能从事观察与记录的时机；就理想层面言，此等观察与记录或许不尽然能符合教师的理想，但教师如何能在有限的时空脉络下，真切地观察与记录目标行为，此等实然的可能与可行层次，是教师应予努力的方向。具体建议有四：

（1）观察与记录的过程中，通过反省与同侪互动等策略，确认掌握目标行为的适当性与正确性。

（2）观察与记录的策略尽可能多元并进，以掌握行为表现的不同方面。

（3）针对目标行为可采用多元的取样策略或跨脉络取样。

（4）邀请同侪教师共同参与观察，不仅有益于交相验证与讨论，另有助于提供更丰富的观察资料。

（二）在过程适当性方面

所谓幼儿行为观察与记录过程的适当性，包含观察与记录的历程中所涉及的策略、工具、取样、观察者角色、观察对象主体性行为、资料诠释，以及结果的保存与公布等，善尽过程的适当性无非是切实掌握目标，以及作为教师应予关注的内容。兹将常见的伦理议题归结有六，兹分述如下：

1. 我的角色与偏见

在观察与记录的过程中，教师对于角色的觉知、可能偏见的反省等，都可能影响取样与目标行为的诠释等，身为专业幼教人员，降低主观偏见造成的行为误判，将是重要的训练内容之一。

对于教师而言，个人背景、先前的教育经验与经历，以及个人对观察与记录的角色诠释与自觉，都将对于观察与记录的过程及结果等方面产生影响。了解偏见的最佳方法，就是察觉个人偏见究竟从何而生、内容为何，从反省、澄清与掌握等过程中，消解偏见对于行为观察与记录的可能影响。具体的建议有三：

（1）邀请同侪教师共同参与观察或讨论，并就双方所得的内容差异进行对话并澄清。

（2）每经一段时间就对于目标行为的表现及其可能原因进行"暂时性诠释"，就诠释所得检视既有观察与记录资料的内容是否充分，有哪些是佐证不足而骤下定论。

（3）养成每日／定期教学反思的习惯，列出可能的疑问并寻求澄清。

2. 幼儿的主体性与权益

幼儿行为表现是教师进行观察与记录的目标，由于幼儿对自身主体性与权益的维护相对缺乏严谨的判断能力，教师若在观察与记录的过程中在采取的策略、取样方式、资料解读，以及资料留存等层面未臻周延，将对幼儿的主体性与权益造成影响，教师对于前述应有积极捍卫的权利与责任。

对幼儿而言，学习是进入幼儿园的重要理由，任何有碍幼儿学习的因素都应积极消却；其次，幼儿的行为表现属于学习的环节之一，任何学习过程的行为表现，不应未获保护地遭受公布甚至流传，对幼儿的身心发展与人格权益等，当予积极的保障。有鉴于此，教师在进行观察与记录时，应以维护幼儿的主体性与权益为念。具体建议有三：

（1）教师、家长共同分担幼儿的教育职责，尽可能在进行观察与记录之前，寻求幼儿、家长的认可与理解，对观察与记录历程、资料解读，乃至结果运用等都应获得共识并以留下协商共识记录为宜，教师与家长共商维护幼儿权益之举。

（2）通过教学反思或同侪教师对话，了解观察与记录是否干扰或影响课程实施及幼儿的学习机会，并作适时且必要的调整。

（3）对于观察与记录结果的留存与应用，可考虑由全园订定相关办法并提供适当的资料存取场所，并对个案资料保密订定配合条款甚或罚则。

3．观察与记录方法和工具的适当性

在进行幼儿行为观察与记录的过程中，选择合适的方法是核心的挑战，不同方法将对取样、目标行为的资料性质，乃至于使用工具等产生影响，如何择定适当的方法以获取相对充分的目标行为资料，是幼教老师需要正视的课题。

以观察方法而言，可粗略地区分为系统观察与自然情境观察两大类型。系统观察旨在通过结构式或事先的规划，让观察的程序能循序而行，在观察与记录的便利性及资料搜集的稳定性等方面，具有较佳的优势；自然情境观察则有异于系统观察，在目标行为信息的丰富性、观察与记录的弹性，以及目标行为与脉络关联性的掌握等方面具有优势。无论采取何种类型的方法，"手段的选择均不应凌驾于目的达成的适当性"，故思考重点应在于能否适切地搜集目标行为的充分信息。具体建议有五：

（1）回归目标行为的特性与进行观察及记录的初衷，勿单以个人对方法的偏好为据。

（2）方法虽有类型差异，但皆须以达成"清楚、明确且直接地描述"目标行为做为目标。

（3）观察与记录幼儿行为时，应以包含行为的开始、过程以及结束等完整过程为宜。

（4）通过教学反思或同侪教师对话，随时检视使用方法的适当性、所得资料的充分程度等，必要时应就方法进行调整。

（5）对于各项观察与记录的方法，实施前应参与研习、自我练习，或通过专家及同侪的讨论等，确认已做好准备程序后再行实施为宜。

4．取样的适当性

对于观察与记录的能力未臻纯熟的教师来说，行为取样的适当性确实是一大挑战。在观察与记录过程中能否顺利地进行行为取样，取样行为是否切合目标行为的内涵等，都将影响取样的适当性，对行为资料的搜集及资料解读的正确性等，也将形成连带影响。

在行为取样方面，能否清楚地界定并了解目标行为的意涵，是进行观察与记录的首要工作。例如：有教师想观察幼儿上课的"专注行为"，究竟什么条件才符合"专注"的规范，是表现出目不转睛的样子，是教学历程中能不与其他幼儿交谈，还是能回答教师在教学中提出的问题？前述内容与程度能否清楚界定，实为观察首要。其次，取样的策略是采取随机、定时，还是行为表现取样等，也需要依据观察与记录的目的进行适当的界定。再次，幼儿是否受到教师进行观察与记录行为的影响，

表现的行为是否为自然地呈现，将影响观察与记录的有效性。最后，行为取样与脉络的关联性也需加以关注，了解取样行为的表现是否受限于特定情境脉络，对行为的诠释同样具有意义。具体建议有四：

（1）清楚地界定目标行为，并将界定的内容委请同侪或专家提供意见，务期清晰地表达行为的意涵。

（2）依据界定目标行为的内容试行观察，或请同侪教师同时进行观察并对照结果，确认对目标行为的掌握情况。

（3）应尽可能直接地记录，将取样行为与脉络关系并陈，甚至记下幼儿同时间的表情或肢体语言，以利解读。

（4）记录取样过程中的可能疑虑，并通过对记录的反思，察觉幼儿行为表现是否受到教师的观察的影响（如出现研究中的"亨利效应"），以免取样所得非幼儿的自然行为表现，影响后续对于幼儿行为表现的诠释。

5. 行为资料的解读

行为资料的解读旨在获得对幼儿行为表现的客观理解，并作为后续行为辅导或教学改进的参考。但教师进行行为解读时，常不自觉地受到观察的期望、对幼儿先前表现的刻板印象的影响，或忽略行为与脉络的关联性，甚至将幼儿行为错误地套用教育理论或原则进行解释等，影响行为解读的客观与正确，不得不慎。

许多教师进行幼儿行为观察与记录时，觉得"好不容易"进行观察与记录，"当然应该"得到一些"惊奇的发现"才算是好的收获；部分教师对幼儿其实已有先入为主的偏见，对于行为的表现与解读将受到偏见的导引，出现解释方向的偏差。又有教师单纯地将关注的焦点置于行为表现的频率或次数，忽略将行为表现结合情境，或幼儿肢体表现共同解读，致使形成对行为的误解。或有教师习于或受限于特定的教育理论、原则或教学经验法则等，在缺少完整的行为信息的情况下就径行作出解释或推断。这些都将影响行为的适切解读。具体建议有五：

（1）在解读幼儿的行为之前，应先确定搜集的行为资料是否完整，不足之处应适时地补足。

（2）确立"观察与记录是为了解幼儿行为表现"的初衷，勿对观察与记录的结果产生不切实际的期待。

（3）幼儿行为表现不必然是教育理论的复制与再现，老师进行解读时可就行为与理论的相近性作出适度的怀疑，但勿过早判定。

（4）应兼重幼儿行为出现的数量、内容以其与情境的关联，汇整相关资料后再行解读。

(5) 借由反思或与同侪教师就行为资料进行对话,对行为资料的解读进行多重把关。

6. 记录结果的应用与留存

了解幼儿行为表现以作为行为辅导、教学改进等的参考,是教师对幼儿行为进行观察与记录的初衷。对于记录结果的运用,教师自当秉持前述精神适度运用,除了重视行为资料解读的正确性外,对于记录结果的存取方式,甚至部分结果出于达成前述目的而需要对第三者进行公布等情况,都须作谨慎的规划与处置。

适当地进行各项观察与记录,并确保各项程序与目的的一致性,是教师进行观察与记录的自我要求。为保障幼儿的学习权益与隐私,教师在应用记录结果时,须对幼儿的学习权益与隐私作出最大的保障,对于记录结果自不宜进行过度的推论应用。在记录结果的留存方面,应确定不同对象对记录结果的存取权限,其中包含家长、园长,或具特殊目的之学者、专家及研究者等,对可供存取的资料内容应作范围的界定,涉及幼儿隐私者应予匿名处理为宜,若资料内容与幼儿容易令第三者进行猜测或联想时,更应谨慎因应。具体建议有四:

(1) 园所可通过订定教师进行幼儿行为观察与记录的公约,对记录结果的应用与留存加以规范。

(2) 教师应觅有隐秘且安全的档案管理设备或机制,保存幼儿行为记录的结果。

(3) 若有将记录结果提供给不同对象的需求,应适度地检视记录结果并进行匿名处理,或对部分记录结果加以保留,暂不予提供。

(4) 观察与记录结果如有超越原始目的之用途(如作为教师行动研究发表的内容),除应匿名处理外,发表前可寻求教师的意见或商请阅览拟公布内容的适当性,必要时应知会幼儿家长并寻求谅解。

第三节 伦理的再省——融入孩子的视野进行理解与诠释

教师进行幼儿行为观察与记录时,存在许多需要关注的伦理议题,有待教师细心地遵循、反思与判断;此等伦理议题的目的无他,即是希望教师能在确切掌握幼儿行为发展状况的目标下,以适当的方式进行观察与记录,同时符合幼儿与教师的最大利益。关于进行观察与记录时可能涉及的伦理议题已讨论如前述,需再次提醒的是,教师是以客观的角度观察、搜集,以及理解孩子的行为的,为了解孩子行为的真义，教师应思索如何以孩子的视角去理解行为，亦即以孩子为核心，进入孩子的理解高度，去诠释孩子的行为原因及其对外在世界的认识。

观察与记录的主体是幼儿，执行观察与记录的用意，无非是理解主体的行为表现，期望借由教师的专业背景，依据观察与记录所得，协助幼儿规划下阶段学习内容，提升幼儿学习的兴趣与效率。是以，教师应持专业与协助等角色，观察幼儿如何感受，如何解释、创造，乃至建构他们的世界，让教师的观察与记录所得能与幼儿学习的真实世界相联结，方为落实观察与记录的真义。唯有落实前述观察与记录的真义，方能经历伦理的淬炼，达成专业发展的理想。

在了解受观察幼儿的真实意义方面，黄意舒（1996：89—90）认为个别孩子的行为有其特殊性，教师需介入幼儿的生活世界，掌握幼儿行为的个别意义，探讨的层面至少需包含下述三个部分：

一、了解当事者的行为惯性以解释其个性、气质或特征等；

二、了解当事者行为的背景、形成过程及特殊的影响因素；

三、了解当事者内在动机，其个人对行为的看法及诠释。

回归个别幼儿的行为，就是针对个别幼儿的行为表现搜集资料，解释其特殊行为表现的意义，至于该行为与其他幼儿的差异及其所蕴含的社会意义，则非教师进行观察与记录的主要任务。是以，了解幼儿真实的行为意义并提供适当的协助，是教师进行行为观察与记录所必须关注的基础伦理议题，教师也应对自身的行为观察与记录能力加以检视与省思，方为回应伦理议题的基本态度。一旦所有行为都符合幼儿最大的利益，教师进行观察与记录自能免除伦理的议论或责难。

与其关注观察与记录可能关切的伦理议题，不如回归进行幼儿行为观察与记录原意的反省，唯有让观察与记录的每个环节能扎实地实践并符合幼儿利益，才能让观察与记录的结果切实呈现幼儿行为的原貌。为期幼教老师能落实观察与记录的原意，以下拟就教师进行观察与记录的具体做法提出建议，希望教师能体会相关建议的用意，并将之化为观察与记录的具体作为。

一、以微观的幼儿行为为开端，但求对幼儿行为的真切掌握

幼教老师虽然受过专业的训练，但鉴于训练背景可能过度侧重学理而忽略实务，可能侧重教材教法而忽略观察与记录实务，甚至囿于班级幼儿数量颇巨有立即形成幼儿行为判断的压力等，此等皆为师资培养与幼教教学现状中待克服的问题，对于教师实际参与观察与记录将产生影响，致使现职教师对于实际进行幼儿行为观察与记录仍有不少待解疑义,需要持续的关注与协助。

倘使幼教老师进行幼儿行为观察与记录不甚娴熟,观察与记录的对象不必贪多或范围过巨,建议教师先确立"从小处着手"的方向,挑选班级有特殊行为表现的幼儿,或是对于教学形成相对困扰较大的幼儿行为,作为观察与记录的对象;对于此等选择的观察与记录对象,教师宜进一步研拟实施计划,借由实践积累教师的实务经验,并确保对前述行为获致真切的掌握。

二、通过同侪教师的合作协助,就观察与记录结果持续对话

幼教班级通常置两位教师,这是幼教教学重要的特色之一。对孩子而言,两位教师都是"主要"教师,无主从之别,是以,幼儿的行为表现也随着与教师间的互动与熟悉,不至于有行为表现的重要区分。有鉴于斯,为了解幼儿的行为表现,教师的共同参与就显得必要。

在实际的教学现场,两名教师进行教学时,有以两名教师不分主体,或以时间及专长暂行对教师的教学内容进行分工两种形式,后者的情况其实颇为常见。当进行班级教学时,不同的分工方式将影响教师进行观察与记录的主、客观因素,倘使对于行为的观察与记录也能加以讨论并共同合作,将增添教师实际执行的可行程度;另外,教师皆熟悉教学现场且具专业背景,同侪教师倘能对于观察与记录的结果共同分析并予对话,对决定观察与记录是否续行或据此形成幼儿行为的判断等,都将具有正面助益。

三、先求客观地呈现行为表现,暂不急予价值评价

虽然了解幼儿行为的脉络与形成原因是重要的目标之一,但过于急切地想对观察与记录所得进行评鉴,不仅有信息是否充分的疑虑,是否因而影响教师在观察与记录时过早地形成定见(或偏见),以至于使得搜集信息的方向有所偏差,更是值得关注。

教师经验虽是影响观察与记录的实施因素之一,但教师的心态更将影响资料搜集的方向及其后续对资料的评价。因此,建议教师在进行幼儿行为观察与记录之初,对于各项幼儿行为表现暂不急予(或自认应予)评价,先以客观呈现幼儿行为表现为主要目标,通过多元的渠道搜集多样的行为表现形态,并对于行为产生的脉络也同时着墨,务期形成丰沛的幼儿行为表现资料,以作为后续判断或教学改进的参考。

四、将记录所得与教学交互反思,有益享受教学成果与收获

体认观察与记录对教师与幼儿将是互利的,从而享受进行幼儿行为观察与记录的收获,这将对幼教老师往后持续地进行观察与记录产生助益。为使教师能体会观察与记录的真实助益,可通过观察、记录成果与教学间的交互反思,使教师体察其

间的关联，并肯定实施观察与记录的实务价值。

　　幼儿行为观察与记录旨在了解幼儿真实的行为表现，其价值也在于可供教师作为检视教学成果之据，并作为改进幼儿学习环境、教师规划教学内容的参考。在忙碌的教学工作中，如何体认各项工作内容的意义与价值，从而决定对教学工作内容的评价与取舍，其实真切地发生在教师每日生活中。倘若教师未能觉察观察与记录成果对于幼儿及教学的助益，将使后续执行观察与记录的动机与期望等大打折扣。因此，在进行幼儿行为观察与记录之际，教师应随时将记录所得纳入教学反思之列，从中体会其间的关联或相互验证，并享受由观察与记录所得的教学成果与收获，这将有益于教师体验观察与记录的价值，强化后续执行的动机。

　　五、即刻且定期地反思，记下疑义并寻求同侪或专家的厘清

　　承前所述，幼教老师面对忙碌的教学负担，不仅承受着不小的工作压力，对于各项教学内容的意义与体认，也可能受到前述压力影响而有所保留与忽略。由于教师工作内容复杂度高与负担重，教师如何进行适当的工作管理与时间经营，同为影响其专业表现的重要因素。

　　有鉴于教师工作内容的高度复杂性与重负担，即时针对教学内容进行反思自有其必要性；加上教学内容可能呈现的庞大信息，将文字或影像等记录作为尔后反思之据，将更显其必要与价值。因此，进行幼儿行为观察与记录的过程中，教师应养成即时且定期反思的习惯，就每日教学内容留下充分的文字或影像资料；对于观察与记录过程中遭遇的疑义，也应加以记录并寻求同侪与专家的协助，甚至将待解或可能出现的疑义以记要的方式加以保留，并在往后的观察与记录中寻求厘清。

　　六、行为稍纵即逝，情境背景将会对行为意义持续影响

　　幼儿行为的产生有其特性，一是行为的出现难以预测且常历时短暂，二是行为的发生与其所处的情境有所关联。基于前述特性，如何确切地掌握幼儿的行为表现，并对行为产生的情境进行详细说明，便成为观察与记录的重要内容。

　　面对前述幼儿行为产生的特性，教师除通过持续地观察与记录以了解幼儿行为是否有重复出现的情况，在观察与记录的内容中，也应确切掌握前述特性，并作适当的回应。在观察与记录的历程中，尽可能使用多元的观察与记录工具是可行的策略之一，如数码相机、摄影机、录音，乃至文字记录等工具多元并陈，为幼儿行为留有不同形态的记录成果，将更有益于对幼儿行为的真实掌握。在对幼儿行为进行观察与记录的同时，应将幼儿行为产生的情境尽可能地进行描述与记录，让行为与情境的信息充分地呈现，这都将有益于后续观察以及形成对幼儿行为的判断。

七、调整心态，让进行幼儿行为观察与记录成为专业的习惯

综观当前的教学文化，教师虽然普遍地了解进行幼儿行为观察与记录的重要性，但如何让教师切实体会观察与记录的意义，并使观察与记录成为每日教学的重点工作内涵，甚至成为教师教学文化的重要内容，是有待努力的课题。

对教师而言，体察与建立教学的专业性是其共同努力的方向，但囿于教学工作的负担，教师常忽略自身即为创建教师专业性的重要环节，致使通过教学实务研究与省思以回应教学的问题、积极建构教学专业的属性等，在幼教教学现场中，显得远而未及。虽然观察与记录仅为教师专业的环节之一，若能以兹为建构教学专业的始点，号召教师们积极投入与奉献，对提升幼教老师的专业地位将更有助益。

因此，进行观察与记录时，教师应先寻求心态的齐备，认识观察与记录对教师与幼儿的共同助益；其次，在实际的教学中，将观察与记录列为每日重要的工作内容，渐次养成进行观察与记录的习惯，从而影响教学与教师专业文化的内涵；再者，让解决问题成为教师愿意接受的挑战并具培养相关能力，使教学在不断地"提问—检讨—释疑"等循环中获得开展与提升，教师也能在工作中获得自我实现的机会与乐趣。倘能如此，则幼教发展的前景，相信将为你我所乐见。

思考作业

1. 何谓观察与记录的伦理？为何需关注前述伦理议题？请说明理由。

2. 伦理议题是否为教师专业领域应关注的内容？试说明理由。

3. 幼教老师进行观察与记录时，常受到许多主、客观因素限制。试述常见的限制因素为何，你认为教师该如何因应。

4. 幼教老师进行观察与记录的过程中，常见的伦理议题为何？如何因应？试说明之。

5. 试与同侪教师合作，检视各自进行的观察与记录之内容及过程，试列举对方在前述内容与过程中，哪些表现合乎伦理规范，哪些表现尚待改善。

参考文献

第一章

林惠雅校阅（1990），《儿童行为观察法》，台北：心理出版社。

洪兰译（1996），《天生婴才》，台北：远流出版社。

陈帼眉、洪福财著（2001），《儿童发展与辅导》，台北：五南图书公司。

编译馆主编（1987），《儿童发展与辅导》，台北：正中书局。

张春兴著（1991），《现代心理学》，台北：东华书局。

黄意舒著（1996），《儿童行为观察法与应用》，台北：心理出版社。

黄慧真译（1989），《发展心理学》，台北：桂冠图书公司。

黄德祥著（1997），《亲职教育》，台北：伟华书局。

赵玫怡编译（1984），《儿童行为的观察与了解（第6版）》，台北：桂冠图书公司。

廖信达著（1997），《幼儿行为观察与记录》，台北：启英文化公司。

蔡春美等著（2001），《亲子关系与亲职教育》，台北：心理出版社。

蔡春美著（1988），《儿童智慧心理学——亚杰认知发展学说（修1版）》，台北：文景书局。

苏建文等著（1991），《发展心理学》，台北：心理出版社。

第二章

黄意舒著（1996），《儿童行为观察法与应用》，台北：心理出版社。

黄意舒著（2003），《教师的思考》，台北：市北师儿童发展研究中心。

陈美如（1998），《多元文化学校教育的建构》，《课程与教学》，1（2），119—137+180。

陈美如（1998），《多元文化学校的知识革命与教师重构——从"潜在课程"谈起》，《教育研究集刊》，41，171—192。

Ann E. Boehm, Richard A. Weinberg 著，廖凤瑞、李易霖合译（1998），《儿童行为观察：课室经营之钥》，台北：光佑文化事业股份有限公司。

Warren R. Bentzen著，刘慈惠等译（2002），《幼儿行为观察与记录》，台北：五南图书公司。

Boehm, A. E. & Weinberg, R. A. (1996). *The Classroom Observer: Developing Observation Skills in Early Childhood Settings* (3rd Ed.). New York：Teachers College Press.

第三章

林惠雅校阅（1990），《儿童行为观察法》，台北：心理出版社。

洪福财著（2002），《幼教教师专业成长——教学反省策略及其应用》，台北：五南图书公司。

黄意舒著（1996），《儿童行为观察法与应用》，台北：心理出版社。

Borich, G. D. (1994). *Observation Skills for Effective Teaching* (2nd Ed.). New York：Macmillan Publishing Company.

Cohen, C., & Stern, V. (1978). *Observing and Recording the Behavior of Young Children*. New York：Teachers College Press.

Curtis, D., & Carter, M. (2000). *The Art of Awareness: How Observation Can Transform Your Teaching*. MN：Redleaf Press.

Kuhn, T. S. (1970). *The Structure of Scientific Revolutions*. University of Chicago Press.

Krauss, S. E. (2005). Research Paradigms and Meaning Making：A Primer. *The Qualitative Report*, 10 (4), 758–770. Retrieved from http：//nsuworks.nova.edu/tqr/vol10/iss4/7.

Martin, S. (1999). *Take a Look: Observation and Portfolio Assessment in Early Childhood* (2nd Ed.). Canada：Addison Wesley Longman Ltd.

Slee, P.T. (1987). *Child Observation Skills*. New York：Croom Helm.

Thompson, T., Felce, D.,& Symons, F. (2000). *Behavior observation*. Maryland：Paul H. Brookes Publishing Co., Inc.

第四章

吴明清著（2001），《教育研究——基本观念与方法分析》，台北：五南图书公司。

黄意舒著（2000），《儿童行为观察法与应用》，台北：心理出版社。

Boehm, Ann E. & Weinberg, Richard A. (1996). *The Classroom Observer: Developing Observation Skills in Early Childhood Settings* (3rd Ed.). New York：Teachers College Press.

Dorothy H. Cohen, Virginia Stern, Nancy Balaban合著，阳琬译（1999），《儿童行为的观察与记录》，台北：桂冠图书公司。

Martin, Sue (1999). *Take a Look: Observation and Portfolio Assessment in Early Childhood*. Canada：Addison-Wesley.

Sharman, Carole, Cross, Wendy, Vennis, Diana (2000). *Observing Children* (2nd Ed.). London：Cassell.

Slee, Phillip T. (1987). *Child Observation Skills*. USA：Croom Helm.

Warren R. Bentzen著，刘慈惠等译（2002），《幼儿行为观察与记录》，台北：五南图书公司。

第五章

吴明清著（2001），《教育研究——基本观念与方法分析》，台北：五南图书公司。

黄意舒著（2000），《儿童行为观察法与应用》，台北：心理出版社。

Boehm, Ann E. & Weinberg, Richard A. (1996). *The Classroom Observer: Developing Observation Skills in Early Childhood Settings* (3rd Ed.). New York：Teachers College Press.

Dorothy H. Cohen, Virginia Stern, Nancy Balaban合著，阳琬译（1999），《儿童行为的观察与记录》，台北：桂冠图书公司。

Martin, Sue (1999). *Take a Look: Observation and Portfolio Assessment in Early Childhood.* Canada：Addison-Wesley.

Sharman, Carole, Cross, Wendy, Vennis, Diana (2000). *Observing Children*：(2nd Ed). London：Cassell.

Slee, Phillip T. (1987). *Child Observation Skills*. USA：Croom Helm.

Warren R. Bentzen著，刘慈惠等译（2002），《幼儿行为观察与记录》，台北：五南图书公司。

第六章

吴明清著（2001），《教育研究——基本观念与方法分析》，台北：五南图书公司。

黄意舒著（2000），《儿童行为观察法与应用》，台北：心理出版社。

廖凤瑞等译（2004），《儿童行为观察》，台北：光佑文化事业股份有限公司。

阳琬译（1999），《儿童行为的观察与记录》，台北：桂冠图书公司。

Martin, Sue (1999). *Take a Look: Observation and Portfolio Assessment in Early Childhood.* Canada：Addison-Wesley.

Sharman, Carole, Cross, Wendy, Vennis, Diana (2000). *Observing Children*：(2nd Ed). London：Cassell.

Slee, Phillip T. (1987). *Child Observation Skills*. USA：Croom Helm.

Warren R. Bentzen著，刘慈惠等译（2002），《幼儿行为观察与记录》，台北：五南图书公司。

第七章

廖凤瑞、李易霖合译（1998），《儿童行为观察》，台北：光佑文化事业股份有限公司。

郑玲宜著（2005），《〈学前儿童发展筛检通报种子训练计划〉培训课程手册》，台北：台北市政府卫生局。

廖凤瑞、陈姿兰编译（2002），《幼儿表现评量——作品取样系统》，台北：心理出版社。

廖信达编著（2001），《幼儿行为观察与记录》，台北：启英出版社。

Bentzen, W. R. (2000). *Seeing Young Children: A Guide to Observing and Recording Behavior* (4th ed.). Canada: Thomson Learning.

Blackmore, J.A. (2005). A Critical Evaluation of Peer Review via Teaching Observation within Higher Education. *International Journal of Educational Management* 19 (3), 218–232. Retrieved from http://dx.doi.org/10.1108/09513540510591002.

Brandt, R. M. (1972). *Studying Behavior in Natural Settings*. New York: Holt, Rinehart and Winston, Inc.

Hammersley-Fletcher, Linda, & Orsmond, Paul. (2004). Evaluating Our Peers: Is Peer Observation a Meaningful Process? *Studies in Higher Education*, 29 (4), 489–503. Retrieved from http://dx.doi.org/10.1080/03075070420000236380.

Richards, J. C., & Farrell, T. S. (2011). *Practice Teaching: A Reflective Approach*. London: Cambridge University Press. Retrieved from http://dx.doi.org/10.1017/CBO9781139151535.

Subban, P. K., & Round, P. N. (2015). Differentiated Instruction at Work. Reinforcing the Art of Classroom Observation through the Creation of a Checklist for Beginning and Pre-service Teachers. *Australian Journal of Teacher Education*, 40 (5). Retrieved from http://ro.ecu.edu.au/ajte/vol40/iss5/7.

Slee, P.T. (1987). *Child Observation Skills*. New York: Croom Helm.

第八章

李政贤、廖光恒、林静如译（2007），《质性研究道论》（第四部分：视觉资料），台北：五南图书公司。

李郁芬译（2001），《开启学习的视窗：建档与评估孩子的学习经验》，台北：光佑文化事业股份有限公司。

张基成（2003），《网路化学习档案之系统化建构经验及相关问题探讨》，2003.11.26，下载自 http://www.ave.ntnu.edu.tw/43203.htm。

黄耿钟（2002），《网路学习档案评量系统成效指标之研究》，台南师院在职进修资讯硕士学位班硕士论文，未出版。

廖凤瑞等译（2004），《儿童行为观察》，台北：光佑文化股份有限公司。

Elizabeth F. Shores & Cathy Grace合著，何厘琦译（2002），《幼儿学习评量——真实记录幼儿学习

的历程》，台北：信谊基金。

Oralie McAfee & Deborah J. Leong合著，廖凤瑞、莱素珠、谢文慧、陈姿兰、林怡满合译（2005），《幼儿发展学习的评量与辅导（第二部）》，台北：华腾文化股份有限公司。

Adler, P.A., Adler. P. (1998) "Observation Techniques", in N.Denzin and Y.S. Lincoln (eds), *Collecting and Qualitative Materials*. London：Sage. pp.79–110.

Denzin, N.K. (2002) "Reading Film", in U. Flick, E.V. Kardorff and I. Steinke (eds). *Qualitative Research: A handbook*. London：Sage.

第九章

王佩玲著（2011），《幼儿发展评量与辅导（第3版）》，台北：心理出版社。

幼儿园幼儿学习评量指标研究团队（2014年10月），《2014年度教保研习"幼儿评量与学习记录"第2场研习手册》，台北市政府教育局，台北市。

幼儿园幼儿学习评量指标研究团队（2014年11月），《2014年度教保研习"幼儿评量与学习记录"第3场研习手册》，台北市政府教育局，台北市。

幸曼玲等（2015a），《幼儿园教保活动课程手册（上册）》，台中：台湾教育主管部门。

幸曼玲等（2015b），《幼儿园教保活动课程手册（下册）》，台中：台湾教育主管部门。

台湾教育主管部门（1987），《幼稚园课程标准（1987年修订版）》，台北：正中书局。

台湾教育主管部门（2012），《幼儿园教保活动课程暂行大纲》，台北：台湾教育主管部门。

廖凤瑞、陈姿兰（2014年9月），《2014年度教保研习"幼儿评量与学习记录"第1场研习手册》，台北市政府教育局，台北市。

廖凤瑞、陈姿兰编译（2002），《幼儿表现评量：作品取样系统》（20—50页）（原作者：S. J. Meisels等），台北：心理出版社。

Etim, J. S. (2005). Curriculum Integration：The Why and How. In：J. S. Etim (ed.) *Curriculum Integration K–12: Theory and Practice*. Lanham. Maryland：University Press of America.

第十章

何怀宏著（2002），《伦理学是什么》，台北：扬智文化事业股份有限公司。

沈亚梵著（1995），《师资培育多元化与教学品管之研究》，台北：师大书苑。

林火旺著（2004），《伦理学》，台北：五南图书公司。

林惠雅校阅（1990），《儿童行为观察法》，台北：心理出版社。

黄意舒著（1996），《儿童行为观察法与应用》，台北：心理出版社。

黄藿主编（2004），《教育专业伦理（1）》，台北：五南图书公司。

Borich, G. D. (1994). *Observation Skills for Effective Teaching* (2nd Ed.). New York：Macmillan Publishing Company.

Carr, D. (2000). *Professionalism and Ethics in Teaching*. London：Routledge.

Croll, P. (1986). *Systematic Classroom Observation*. PA：The Falmer Press.

Curtis, D., & Carter, M. (2000). *The Art of Awareness: How Observation Can Transform Your Teaching*. MN：Redleaf Press.

Jablon, J. R., Dombro, A. L., & Dichtelmiller, M. L. (1999). *The Power of Observation*. Washington, DC：Teaching Strategies, Inc.

Martin S. (1999). *Take a Look：Observation and Portfolio Assessment in Early Childhood* (2nd Ed.). Canada：Addison Wesley Longman Ltd.

Slee, P. T. (1987). *Child Observation Skills*. New York：Croom Helm.

Thompson, T., Felce, D., & Symons, F. (2000). *Behavior Observation*. Maryland：Paul H. Brookes Publishing Co., Inc.